Inger Hermann

Halt's Maul, jetzt kommt der Segen

Inger Hermann

Halt's Maul, jetzt kommt der Segen

Kinder auf der Schattenseite des Lebens fragen nach Gott

Calwer Verlag Stuttgart

Da ich in sieben Jahren meist gleichzeitig an drei Stuttgarter Schulen in allen Klassenstufen unterrichtet habe, ist die Anonymität der Kinder gewahrt.
In fast allen Gruppen waren evangelische und katholische Schüler und Schülerinnen zusammengefasst.

Bibliografische Information der Deutschen Bibliothek

Die Deutsche Bibliothek verzeichnet diese Publikation in der Deutschen Nationalbibliografie; detaillierte bibliografische Daten sind im Internet über *https://www.dnb.de* abrufbar.

ISBN 978-3-7668-3648-9

12. Auflage 2021

Umschlaggestaltung: ES Typo-Graphic, Stuttgart
Satz: Karin Class, Calwer Verlag
Druck und Verarbeitung: Mazowieckie Centrum Poligrafii – 05-270 Marki (Polen) – ul. Słoneczna 3C – www.buecherdrucken24.de

E-Mail: info@calwer.com
Internet: www.calwer.com

Für Almuth-Liesabell

Inhalt

Geleitwort

»Ich denke, Gott mag mich nun mal, ob ich Scheiß bau oder nicht, weil Gott, der kann doch gar nicht anders als lieben. Stimmt's nicht? Nur wir Menschen können noch viel anderes, töten und so.« Das sagt Otto im Religionsunterricht (7. Schuljahr) einer Förderschule in einer süddeutschen Großstadt. Inger Hermann stellt in diesem Buch Gesprächssequenzen aus ihrem Unterricht vor. Sie versteht es meisterhaft, die Frage nach dem, »was uns unbedingt angeht« (Paul Tillich) mit diesen »entwurzelten, geschundenen und gedemütigten Großstadtkindern« zu bedenken.

Zum Stichwort Kinderphilosophie sind in den letzten Jahren einige Bücher entstanden, die staunen lassen, wie Schülerinnen und Schüler der Grundschule schwierigste philosophische Fragestellungen erörtern. In den Schülerbeiträgen dieses Buches kommt eine Kindertheologie zur Sprache, die nicht nur durch hohes Reflexionsniveau, sondern vor allem auch durch existentielle Tiefe überzeugt. Es ist faszinierend zu sehen, wie sehr gerade klassisch theologische Themen wie die Gottesfrage im Lebenshorizont der Kinder Bedeutung haben. Dies kann Mut machen, diesen Themen mehr zuzutrauen als es oft geschieht, und ihnen im Religionsunterricht einen gebührenden Platz einzuräumen.

Manche Leserin und manchen Leser mag die unverblümte Sprache der Kinder erschrecken. Doch die Erkenntnis stellt sich schnell ein: Nur so können sie sich äußern. Nur so können sie ihr schreckliches Leid und die tiefen Verletzungen aussprechen.

Mir ist es beim Lesen so ergangen: Einmal begonnen konnte ich das Buch nicht mehr aus der Hand legen. Die Unterrichtsgespräche sind geradezu eine Aufforderung, sich im Religionsunterricht viel stärker als bisher auf das einzulassen, was die Schülerinnen und Schüler an Fragen, Problemen und Erkenntnissen einbringen.

Jörg Thierfelder

Vorüberlegungen

»Vater unser, der du bist im Himmel ...«

»Wo ist der Himmel?«

»Der Himmel? Überall. Gott ist überall.«

»Ist er dann auch im Drei-Farben-Haus?«

»Drei-Farben-Haus? Was ist denn das?«

»Naja, wo die Nutten ... Sie wissen schon. Wo die Männer immer reingehen. Ich will nur wissen, ist Gott auch da drin?«

Und ich antworte: »Ja.«

Ich kann von Gott nur sprechen, kann nur Religionsunterricht halten, wenn ich ihm zumute, überall zu sein. Der Gott, der in Klöstern und Kirchen beheimatet ist, an den ich mich in Gebet und Meditation wende, den ich unter dem Sternenhimmel erfahren kann, diesem Gott sind meine Schüler nie begegnet.

Verschiedene Wege mag es geben, religiöse Erfahrungen zu vermitteln. Mit diesen Kindern – Großstadtkindern, entwurzelt, geschunden, gedemütigt – bleibt für mich nur der eine: mit ihnen in die Tiefe auch ihrer dunkelsten Alltagserfahrungen hineinzugehen und zu vertrauen: »Der Name dieser unauslotbaren Tiefe ist Gott« (Tillich).

Wenn eine Frage und damit oft ein Abgrund sich auftut, bereit sein, mich abzuseilen in ihre Dunkelheit, das heißt für mich Religionsunterricht.

Manchmal scheint mir, dass diese Schüler mehr noch als behütete Gleichaltrige, nur an wirklich existentiellen Fragen interessiert sind: Wo ist Gott, wenn ich geschlagen werde? Oder: Wenn mein Vater säuft, mag ihn Gott dann immer noch? – Warum reden wir von Gott, wenn es ihn doch gar nicht gibt, gar nicht geben kann, in so einer beschissenen Welt?

Wie kann Christus Herr der Religionslosen werden? Was bedeutet »religionsloses Christentum«? Diese Frage Bonhoeffers wird zur zentralen Frage. Dass die meisten heutigen Stadtkinder »Religionslose« in der ganzen Tragweite dieses Wortes sind, dass sie in einer religionslosen Gesellschaft leben und in eine religionslose Zukunft hineinwachsen, dessen sind wir uns eher zu wenig bewusst. Zugleich gilt für jedes dieser Kinder, ob sie nun getauft sind oder nicht: »Ich habe dich bei deinem Namen gerufen, du bist mein«. Und – so erstaunlich es klingen mag – dieses unbewusste Wissen um ihre Gotteskindschaft ist nicht verschüttet; verschüttet vielleicht, und unbewusst bestimmt, aber doch ein Funken, der sich entfachen lässt.

Viele Kinder und Jugendliche erleben sich als unerwünscht und überflüssig auf dieser Welt: den Eltern, den Wohnungsnachbarn, der Gesellschaft eher lästig. Diese Wunde ihres Unerwünschtseins lässt sie in ihrem Menschsein verkümmern. Sie fühlen sich ungeborgen auf der Dunkelseite einer Wegschau-Gesellschaft, die sich ihre Nöte, ihre Fragen und Herzschmerzen nicht zumuten will.

> *»Dein Ort ist, wo Augen dich ansehen.*
> *Wo sich die Augen treffen, entstehst du …*
> *Du fielest, aber du fällst nicht.*
> *Augen fangen dich auf.«* (Hilde Domin)

Damit fängt für mich Religionsunterricht an: Mit den Augen fang ich dich auf. Ich nehme dich wahr. Deine Wahrheit ist unser Ausgangspunkt, nicht meine.

Dass mit diesem problem- und beziehungsorientierten Religionsunterricht der Übergang zur Seelsorge fließend geworden ist, nehme ich nicht nur in Kauf, sondern sehe gerade darin eine Chance.

Es bedeutet, dass Glaubensinformationen – ob es sich um biblische Texte, Gebete und Psalmen oder kirchliche Traditionen handelt – nicht um ihrer selbst willen unterrichtet werden, sondern nur soweit sie durchlässig werden für heilende Erfahrung. Kinder dort abzuholen, wo sie sich nicht befinden, außerhalb ihrer Ängste und Probleme, ist Zeitverschwendung. Solange ich die oft grausige Wirklichkeit ihres Alltags vor der Schultüre lasse, bedroht sie uns wie ein wütender Köter. Erst wenn ich sie mit ins Klassenzimmer hereinnehme, lässt sie sich zähmen.

Zwei Voraussetzungen gibt es für heilsamen Religionsunterricht: Die Wahrheit des Kindes und die Wahrhaftigkeit des Lehrers. Der oft erschreckenden Realität des Alltags halte ich nur stand, wenn ich ihr mit meiner Realität, das heißt, mit meinem ganzen Menschsein begegne. Authentizität als Notwendigkeit. Jede religiöse Floskel fällt ab. Nur was ich selber glauben kann, was als Erfahrung in mir lebt, ist wichtig.

Dazu gehört auch, dass ich oft keine Antwort habe, sondern ihnen vermittle: nicht im Antworten bin ich euch voraus, aber im Suchen. Wenn es dann gelingt, dass wir uns gemeinsam auf die Suche machen, weil unsere Angst, Fragen zu stellen, allmählich abfällt, dann wird Religionsunterricht wesentlich und macht oft sogar Spaß.

Inzwischen vergeude ich auch keine Zeit mehr damit, die Kinder sprachlich umzuerziehen. Ihre Sprache ist nicht prüde. Meine sprachliche Schock- und Schmerzgrenze wurde anfangs ständig überschritten, bis ich erkannte, dass hinter den unflätigsten Formulierungen entweder besonders schlimme Leiderfahrung oder tiefe existentielle Fragen stecken. Danach konnte ich darauf verzichten, auf gepflegter Ausdrucksweise zu bestehen und mit dieser Überforderung manch gequälte Frage zum Verstummen zu bringen. So interessiert mich jetzt nur noch der Aufschrei, die Not, die sich darin ausdrücken will.

Das heißt nicht, dass es keine verbindlichen Formen gibt. Ich verstehe sie auch als »Geborgenheitsrituale«. Zum festen Rahmen gehört das gemeinsame Sprechen von Gebet oder Psalm am Anfang und der Segen am Schluss der Stunde.

Kinder, deren Familienleben von pädagogischer Beliebigkeit und einem durchsäkularisierten Alltag geprägt ist, spüren, dass es zum Beispiel im Segen nicht nur um bestimmte Worte, sondern wirklich um die Nähe Gottes geht. In den ängstigenden Abgrund von Orientierungslosigkeit und fehlendem Urvertrauen scheint für Sekunden ein heilender Strahl.

Während alle Schüler, die Kleinen und die Großen, meist schnell spüren, dass sich bei Segen und Gebet Faxen und Störungen von selbst verbieten, bleibt dazwischen genug Raum für Grobheiten und Rempeleien, bis hin zu verbaler und körperlicher Gewalt. Diese manchmal gemeine Rohheit gegeneinander macht mich ratloser als alle kleineren oder größeren Schweinigeleien.

Fragte ich mich anfangs, warum diese oft selbst so verletzten Kinder und Jugendlichen kaum Hemmungen haben, andere zu verletzen, so weiß ich inzwischen nur zu gut, dass sie prügeln, eben weil sie Geprügelte sind. Schlagende Kinder sind geschlagene Kinder. Im eigenen Leiden ist ihnen die Fähigkeit zum Mitleid verloren gegangen. Ein Kind, das in seinem Fühlen jahrelang ignoriert oder beschämt wurde, kann nicht mehr mitfühlen.

»In jeder Faust steckt ein wimmerndes Herz«. Dieser Satz kann zum Schlüssel werden. Kann Religionsunterricht die Gewaltbereitschaft der Kinder verändern? Das ist eine immer wiederkehrende Frage. Ich bin überzeugt, dass wir das Problem der Fäuste nur lösen können, wenn wir uns den wimmernden Herzen zuwenden. Denn der Satz gilt auch in seiner Umkehrung: Jedes wimmernde Herz kann zur Faust werden, wenn wir es nicht hören.

Wenden wir uns also den wimmernden Herzen zu – das scheint mir der wichtigste Auftrag heutigen Religionsunterrichts. Hier gibt es den Raum, über schmerzliche Erfahrungen, Ängste und Hoffnungslosigkeit zu sprechen.

Kann man mit diesen Beziehungsinvaliden, vollverkabelt und spracharm, wie sie sind, überhaupt ins Gespräch kommen? Ja: Über die Wahrnehmung ihrer seelischen Verstümmelung. Und hier schließt sich der Kreis. Wenn es mir gelingt, auch und gerade das gewalttätige Kind achtsam und – wenn ich die Kraft aufbringe – liebevoll wahrzunehmen, kann Erstaunliches entstehen.

Ich kann eine Prügelei unterbrechen und versuchen, die Schuldfrage zu klären, von der Tugend der Gewaltlosigkeit und Fairness sprechen – wenn ich mir von der Rolle des moralischen Dompteurs Erfolg verspreche. Ich kann aber auch den Oberprügler herausziehen und in den Arm nehmen, seine Schultern, den Nacken oder die Boxhand streicheln. Oft weicht die Aggressivität sofort und spürbar aus dem Raum. Bei größeren Schülern ist das so äußerlich nicht möglich, aber auch bei ihnen kann ich durch ein sanftes Berühren, durch eine Frage herausfinden: Was macht dich so kaputt, was tut so weh, dass du jemand anderen verletzen musst? »Es sind die Schwachen, die grausam sind; Güte kann man nur von den Starken erwarten« (Leo Rosten).

Wenn festgestellt wird, dass den christlichen Kirchen der Wind ins Gesicht blase, und dies auf eine zunehmende Entkoppelung von kirchlichem Christentum und gesellschaftlichen Werten zurückzuführen sei (Wolfgang Huber), dann wirkt sich das bis in den Religionsunterricht aus. Die Rahmenbedingungen – etwa durch die Stellung des Faches im Stundenplan, die Zusammenlegung von Gruppen u.a. – sind die eine Seite der Sache. Schwerer noch wiegt die Entwertung durch die Eltern. Wenn eine Schülerin traurig erzählt, der Papa habe gesagt Reli zählt nicht und ihr für die Eins keine Mark geschenkt hat, die gäbe es nur für wichtige Fächer wie Mathe, dann wird mir auch als Lehrerin klar, dass ich mit diesem Fach auf einer anderen Werteskala angesiedelt bin.

Ich kann die zunehmende Säkularisierung betrauern oder meine Antennen ausfahren, um gerade in dieser materialistischen und konsumorientierten Zeit die ebenfalls zunehmende Sehnsucht nach religiöser Erfahrung aufzuspüren. Damit komme ich um den »Zeugnischarakter« des Religionsunterrichts nicht herum. Diese unbehausten jungen Menschen erleben sich in einer Zeit des Niedergangs, und die angstvolle Vorwegnahme einer bedrohlichen Zukunft nimmt ihnen oft den Atem zum Leben und Lernen.

Und was setze ich dagegen? Eine Glaubensgewissheit? Einen Wertekanon, der doch auch brüchig genug ist?

In allen Klassen lernen wir den 23. Psalm: »... und ob ich schon wanderte im finsteren Tal, fürchte ich kein Unglück, denn Du bist bei mir, Dein Stecken und Stab trösten mich.« Keine Zusage, dass das finstere Tal erhellt oder man ihm enthoben werde: »Du bist bei mir.« Das ist alles, was ich ihnen – stellvertretend sozusagen – anbiete, jede Stunde neu: Ich bin bereit, mit dir in deine dunklen Erfahrungen zu gehen, ich halte die Hilflosigkeit aus, auch wenn ich nicht helfen kann. Ich wende den Blick nicht vom Entsetzlichen ab, auch wenn es mich entsetzt. Neben dein fehlendes Urvertrauen setze ich mein Vertrauen in deine Einmaligkeit und Kostbarkeit. Neben die Realität deiner Verzweiflung halte ich die Realität von Gottes Liebe. Ich weiß, das erklärt gar nichts, das nützt dir gar nichts – aber spürst du, dass sich etwas verändert, in dir, in mir, in uns? Ich weiß auch keinen Namen dafür. Wir wollen es namenlos lassen. Das unergründbare Geheimnis, das nicht hilft und doch verändert. »Kommunikation von Hoffnung« (W. Huber) – könnte die so aussehen?

Theologen mögen verzeihen, dass ich mich häufig auf theologisch ungesichertem Terrain befinde. Selten ist die Möglichkeit nachzuschlagen oder nachzufragen. Die Theologie aus dem Herzen mag manchmal anfechtbar sein, aber sie ist wirksamer und wärmender als manch abgesicherte Lehrmeinung.

Wenn ich einmal glaubte, der Weg ginge über Wissensvermittlung zur Erziehung und nur ausnahmsweise zur Beziehung mit den Schülern, so sehe ich den Weg des heutigen Religionsunterrichtes eher umgekehrt: Von der Beziehung allmählich zur Erziehung und dann durchaus auch zur Wissensvermittlung. Heilsgeschichte ohne Heilung geht völlig an den Bedürfnissen der Kinder und damit auch der Schule und der Gesellschaft vorbei.

In diesem Religionsunterricht geht es um die Beheimatung des Heiligen im Groben, in der Weihnachtszeit würde ich formulieren: Es geht um die Geburt Gottes im Stall.

Höchstes Gebot

Hab Achtung vor dem Menschenbild,
Und denke, dass, wie auch verborgen,
Darin für irgend einen Morgen
Der Keim zu allem Höchsten schwillt.

Hab Achtung vor dem Menschenbild,
Und denke, dass, wie tief er sinke,
Ein Hauch des Lebens, der ihn wecke,
Vielleicht aus deiner Seele quillt!

(F. Hebbel)

Da ist doch Krieg in meinem Land: Entwurzelte Kinder

Moses in der Tiefgarage

Medine sitzt vor ihrem Klassenzimmer am Boden. Ich habe eine Hohlstunde und gehe schnell etwas kopieren. Als ich zurückkomme, sitzt sie immer noch da, in der gleichen Haltung, das Gesicht weiß, fast starr. Ich frage: »Du, was ist denn?« Medine, die mich sonst mit stürmischer Umarmung begrüßt, verzieht keine Miene. Ich hocke mich zu ihr hin, bin erschrocken von ihrem Ausdruck: Hass, Wut und Trauer, eingemeißelt in ein Kindergesicht. Meine Hand auf ihrer Schulter schüttelt sie weg. »Lehrer sind eine Scheiße« zischt sie böse. »Schule ist eine Scheiße. Alles ist Scheiße.« Medine ist eine eifrige kleine Schülerin, ihr Schmerz reicht ganz offensichtlich tiefer als der Ärger mit dem Klassenlehrer. »War deine Mama heute böse mit dir?« frage ich. Medine nickt stumm. »Gehauen?« Medine schweigt.

Dann leise: »Sie hat geschlagt und mit Fuß getreten und Haare gereißt und geschreit und geschreit.«

»Warum ist die Mama so böse mit dir?«

»Ich weiß es nicht. Sie schreit, ich bin eine Hure.«

Mir wird irgendwie flau. »Und dein Papa«, frage ich trotzdem, »haut er dich auch?« Sie schüttelt den Kopf. »Der ist immer lieb zu mir.«

»Und wenn Mama dich haut?«

»Dann ist er schon bei der Arbeit.«

Es läutet. Religionsstunde. Medine kommt gleich mit rauf. Peter und Sabine sind auch schon da. Olli, der Klassenwinzling, kommt gerannt, schmeißt den Schulranzen hin, geht zur Tafel und schmiert sie blitzschnell voll mit wilden Linien, Knäueln und Pfeilen. Ach Olli, denke ich, wie hältst du dein Kinderleben aus, wie kommt's, dass du immer noch lachst, Spaß hast am Spielen, manchmal – ganz selten – auch einer Geschichte zuhören kannst?

Eine Kollegin hatte mich angerufen, vor einer Woche, als Ollis Mutter im Alkohol-Koma gestorben war. Sein Vater, betrunken, ist aus dem Fenster gestürzt und liegt mit vielen Brüchen im Krankenhaus. Noch am gleichen Tag kamen die vier Kinder ins Heim.

»Olli schmiert die ganze Tafel voll«, kreischt Vera anklagend, »darf er das?«

»Ja, er darf.«

Inzwischen sind alle acht Schüler oben im Religionszimmer.

»Mir ist heiß.«

»Ich mag heute kein Religion.«

»Ich bin müde.«

»Ich will trinken.«

»Ich hab auch Hunger.«

Sechste Stunde! Unerträglich heiß ist es auch noch. Wie werde ich mit diesen Rahmenbedingungen auch nur einen Funken Interesse für Moses Schicksal losschlagen können? Melanie weint.

»Was ist los?« frage ich, inzwischen auch genervt.

»Ich habe so Hunger. Ich hab noch gar nichts gegessen.«

Eigentlich reicht es mir. Am liebsten würde ich sie alle heimschicken. Das geht nicht. Da fällt mir ein, ich habe unten im Auto eine Schachtel Knäckebrot.

Eine Minute später schleichen wir auf Zehenspitzen durch das Treppenhaus, mäuschenstill. Ich schließe die Tür zum Parkhaus auf.

»Kein Licht anmachen, wir wollen im Dunkeln runtergehen«, schlägt eines der Kinder vor.

»Gut«, sage ich. Zwar geht es zwei Treppen tief, aber sie werden schon nicht fallen. Immer dunkler wird's und schön kühl. Sie sind ganz still, zwei haben mich an der Hand genommen. Jetzt ist es wirklich stockfinster. Plötzlich fängt einer an zu kreischen – einfach so, nichts passiert – und jetzt kreischen, brüllen und schreien sie alle. Ohrenbetäubend. Gellender Schmerz und wilde Freude, beides. Urgeschrei. – Dann drücke ich den Schalter. Licht. Sie hören sofort auf. Olli möchte die schwere Tür zum Parkdeck aufschließen.

»Welches ist Ihr Auto?« Sie stürmen los.

Ich könnte jetzt das Knäckebrot nehmen und damit nach oben gehen. Aber hier ist es kühl und still. Ja, sie wollen es versuchen, ohne schubsen und treten – dann passen wir alle neun ins Auto. Es geht wirklich, ganz eng und ganz gemütlich. Ich verteile das Brot, jedem zwei Scheiben. Das Licht in der Tiefgarage ist inzwischen ausgegangen. Wir sitzen im Dunkeln und essen. Dies ist mehr als ein Auto in der Tiefgarage: Urhöhle von Geborgenheit. Und noch anderes wird gestillt als nur der Mittagshunger.

Es reicht nochmal für jedes Kind eine Brotscheibe. Von Moses hatte ich heute erzählen wollen, von der Not der Mutter mit dem Befehl des Pharao, die Knaben zu töten, von der Sorge, ihn im Körbchen dem Fluss zu überlassen, von dieser gefährdeten und zugleich von Gott selbst behüteten Kindheit. – Und so beginne ich zu erzählen, im Dunkeln, fast flüsternd – und sie hören zu, entspannt und aufmerksam, wie im ganzen Schuljahr noch nicht. Ich bin zu Ende. »So, und jetzt gehen wir rauf, ihr holt eure Schulranzen und dürft nach Hause.«

»Und der Segen?« fragt Tonio.

»Du hast recht.« Sie falten die Hände: »Gott segne uns und behüte uns … und gib uns deinen Frieden.«

Sie quellen aus der Autoenge, laufen übers Parkdeck. Mein Gott, denke ich, einmal eine gute Religionsstunde. Du hast uns von Deinem Frieden gegeben, danke.

»Kein Licht machen!« Sie wollen im Treppenhaus wieder im Dunkeln sein. Meinetwegen. Lachen und Quietschen. Da geht das Licht an und innerhalb einer Sekunde fallen sie schlagend, tretend, boxend über Diego her. Er hat den Lichtschalter gedrückt. Jetzt liegt er mit entsetzensweiten Augen auf dem Boden: »Feiger Hund, Spielverderber.« Sie treten ihn. Mit zwei Sätzen springe ich die Stufen zurück, schiebe, schleudre sie auf die Seite: »Schluss!« »Der ist ein feiger Hund, ein Feigling ist der! Hat Angst im Dunkeln. So'n Baby. Feigling.« Johlen und Höhnen. Jetzt bin ich wütend, verletzt. Diese Horde kleiner Bestien. Was haben sie mit dem Frieden gemacht, den wir eben noch hatten und an dem ich mich so gerne noch ein Weilchen gelabt hätte?

Ich ziehe Diego vom Boden hoch. Diego ist noch nicht lange bei uns. Ein ganz ungewöhnlich begabter Zeichner, aber seine Stummheit ist mir manchmal fast unheimlich.

»Diego ist nicht feige, er ist klug. Er weiß, dass im Dunkeln Schlimmes passieren kann,« donnere ich die Kinder an, ohne mir zu überlegen, ob es Sinn macht, was ich sage. Seine Nase blutet, er hält mein Taschentuch davor. Wir gehen den anderen voran die Treppe hinauf.

»Sag mal Diego, was passiert denn Schlimmes, wenn es dunkel ist?« frage ich ihn.

»In der Nacht – dann kommen Männer – die machen die Leute tot – manchmal auch Kinder.« Er stottert. Diego kommt aus Lateinamerika. Ob etwas darüber in seiner Akte steht?

Im Schulhaus kommt uns der Schulleiter entgegen. »Wo kommt ihr denn her?« fragt er, »Religionsstunde in der Tiefgarage?«

»Ja, ganz toll«, gibt Melanie Auskunft.

»Und was habt ihr da gelernt?« erkundigt er sich weiter.

»Dass der böse Pharao-König auch keine Ausländer leiden kann. Nur weil Moses nicht sein Volk ist: Sogar getötet hat er die Ausländer!«

Tonio gehört sicher zu den wachsten Kindern der Klasse. Von »Ausländern« hatte ich nichts gesagt, aber was Fremdenhass bedeutet, das weiß Tonio offenbar schon sehr genau.

Alle haben ihre Ranzen geholt und sind nach Hause gegangen. Ich kann auch gehen. Ich bin erschöpft. Wann werde ich lernen, dass Gelungenes sich nicht halten und horten lässt wie ein Schatz? Geborgenheit und Frieden im Auto in der Tiefgarage, wir haben es erfahren – hört es deshalb auf, heilende Erfahrung zu sein, weil der Alltag mit Gewalt und Angst wieder über uns zusammenschlägt? Und die schlimme Erfahrung, als die kleinen Bestien Diego zusammenschlugen – ist sie nur schlimm? Hat er nicht zum ersten Mal über seine Angst sprechen können?

Unsere Bewertung: gut und schlecht, heilsam und heillos – der Religionsunterricht mit diesen Kindern gibt ganz neue Antworten. Jede Stunde andere. Zeilen von Rilke fallen mir in die Hand:

»Die Menschen schauen immer von Gott fort. Sie suchen ihn im Licht, ... oben. – Und Gott wartet anderswo – wartet – ganz am Grund von Allem. Tief. Wo Wurzeln sind. Wo es warm ist und dunkel.« Ob Rilke Tiefgaragen kannte?

Wir Menschen können alles: Scheiß und Liebe

Heute ist Sportfest. Ich habe nur die drei Nicht-Turner in der Religionsstunde. Wir sind noch dabei, die Stühle von den Tischen zu räumen, da kommt Sven hereingeschossen. Sporttasche und Schirmmütze lässt er gleich an der Tür fallen.

»Frau Hermann, können Sie schnell den Segen sagen?«

»Ich denke, du gehörst zu den Turnern?«

»Ja, gerade! Ein Segen davor kann doch nicht schaden. Oder?«

Noch während des ›Amen‹ schnappt er sich seine Sachen und rennt den anderen nach.

Der dicke Otto schüttelt den Kopf über so viel Hektik. Er beißt nochmal vom Brötchen unter seiner Bank ab und fragt dann – mit vollen Kinderbacken, aber den Augen eines Weisen:

»Nützt denn das überhaupt, das Beten und so?«

Wir überlegen – Kann man denn Gott beeinflussen? Tut Gott denn nicht sowieso, was er will?

»Ich glaube, der Teufel tut, was er will und Gott kann sowieso nichts machen. Das sieht man doch im Fernsehen«, sagt Dragomir, ein leidenschaftlicher Kroate.

»Und wenn die Menschen so Teufelskram machen, andere umbringen und so – ich meine die Verbrecher und solche Leute – die Verbrecher, liebt Gott die immer noch?« will Mario wissen.

Otto: »Klar, sind doch Gottes Kinder.«

Mario: »Und wenn sie Scheiß bauen?«

Otto kauend: »Meine Mutter liebt mich, auch wenn ich Scheiß bau.«

Mario: »Idiot. Gott ist doch keine Mutter.«

Dragomir: »Dann eben Vater. Mein Vater haut mir manchmal eine runter. Aber er liebt mich trotzdem. Sogar im Gefängnis würde der mich noch besuchen, hat er gesagt.«

Otto hat inzwischen – ich habe hinter seiner vorgehaltenen Hand natürlich nichts gesehen – sein Brötchen fertiggemampft:

»Ich denke halt, Gott mag mich immer noch, ob ich Scheiß bau oder nicht, weil Gott, der kann doch gar nichts anderes als lieben. Stimmt's nicht? Nur wir Menschen können noch viel anderes, töten und so.« Otto bricht ab und versinkt in philosophisches Sinnieren.

Dragomir (der ›Klassenbeste‹ – warum ist er überhaupt in dieser Schule?) fasst zusammen:

»Der Teufel kann Scheiß bauen, Gott kann nur lieben, nur Menschen können alles: Scheiß und Liebe.«

Da behaupte noch einer, Sonderschüler seien dämlich!

Eigentlich sind wir doch keine Dummenschule

Großes Durcheinander. Die Klassenlehrerin ist noch sichtlich erschöpft von ihrem eigenen Donnerwetter, dessen Ausläufer bis auf den Flur zu hören waren.

»Viel Spaß mit den Chaoten«, wünscht sie mir müde lächelnd. Heute morgen war die Polizei da: Robbi hatte mit einer Gaspistole herumgeschossen, zwei Schüler sind im Krankenhaus.

Ich wäre lieber in ein Tropengewitter hinausgetreten, als in diese aufgebrachte Klasse hinein. (Noch kenne ich kaum die Namen!)

Veronika wedelt mit einem schwarzen Buch herum:

»Wollen sie sehen? Meine Sprache und Ihre Sprache in einem Buch. Alles von Gott in beiden Sprachen.«

Sie hat von ihrem Pfarrer in Stuttgart ein Büchlein bekommen mit dem Ablauf der katholischen Messe und einigen Texten und Liedern, links italienisch, rechts deutsch.

»Lies uns mal was vor.«

Ich schlage zufällig die Zehn Gebote auf. Veronika, sonst eher stockend im Ausdruck, rattert wie eine Nähmaschine. Die andern Schüler drehen sich erstaunt um: »Was soll denn das?«

Diese Windstille gilt es zu nutzen.

»Schreib doch mal ein Gebot an die Tafel. Das fünfte ...« (weil es sprachlich das einfachste ist).

Veronica schreibt. »No uccidere.«

Ich weiß das auf spanisch, meldet sich Maria: »No mates«

Und ich auf jugoslawisch. »Ti nesmies ubiti.«

»Das ist kroatisch« sagt Aleks, »darf ich es auf slowenisch schreiben?«

»Und ich polnisch!« Milena kommt nach vorne.

Ganz unten ist noch Platz für »Do not kill«, und oben: »Du sollst nicht töten.«

Wir zählen: sieben Sprachen.

»Eigentlich sind wir doch keine Dummenschule, wenn wir das fünfte Gebot in so vielen Sprachen zusammenbringen«, stellt Jochen fest (dessen sehnlichster Wunsch es ist, wieder zurückgeschult zu werden).

Das finde ich auch.

Eifrig und friedlich übertragen sie den gemeinsamen Tafelanschrieb ins Heft. So war aus dem Chaos Ordnung geworden.

Halt's Maul, jetzt kommt der Segen

Bäume sind ganz offensichtlich nicht dazu da, in den Himmel zu wachsen.

Noch mit dem guten Gefühl von der letzen Stunde komme ich ins Klassenzimmer. (Etwas abgehetzt zwar und fast zehn Minuten zu spät. Verkehrsstau Schwabtunnel. Diese Fahrerei zwischen den Schulen ist zermürbend.)

Wieder ist es Veronika:

»Kommen Sie mal. Was hier im Schrank drin ist.«

Sie hat eine dicke Papierrolle herausgenommen und rollt sie auf dem Boden aus: auf etwa zwölf fast lebensgroßen Photos ist die Entwicklung des Menschen vom Baby bis zum Erwachsenen dargestellt, nackt natürlich, männlich und weiblich. Im Nu hat sich fast jeder ein solches Poster geschnappt und jetzt geht es los:

»Das ist Patrick – Du Idiot, der hat einen viel größeren – der Halil in der Neunten. – Die Georgia müsstest du mal sehen …«

Sie sind so aufgeregt, durcheinander. Sie gebrauchen eine so derbe Sprache mit mir bisher unbekanntem Vokabelreichtum – es ist wie ein Dschungel und Steppenbrand zugleich. Ich kann eigentlich nicht mehr. Mein Rücken schmerzt, das Herz krampft. »Fluchtimpuls« ist ein lahmes Wort für mein Bedürfnis: nur weg von diesen Kindern. – Ich setze mich auf den Stuhl und tue nichts. Nach einer Weile merken sie, dass von mir nichts kommt. Verwundert fragt Paula:

»Finden Sie das gar nicht schweinisch?«

»Nein« sage ich, und weil es gerade halbwegs still ist, füge ich phantasielos hinzu. »So, und nun ordnet sie nach der Größe.«

Sie sind so verblüfft, dass sie gleich beginnen, Bänke auseinander zu schieben, Stühle aufzustapeln, damit genug Platz ist für die Galerie der Nackedeis. – Da klopft es.

Eine Kollegin: »Entschuldigen Sie, wenn ich störe« – ein verdutzter Blick. »Was heute im Religionsunterricht alles möglich ist«, scheint sie zu denken und verlässt uns wieder. Es ist fast Zeit zum Schlusssegen – der ihnen, wie sie inzwischen wissen, nie erspart bleibt. Die zwölf Nackten werden wieder eingerollt und in den Schrank verschlossen. In der Klasse herrscht eine Art friedlicher Erschöpfungszustand.

Veronika meldet sich: »Wahrscheinlich will die Klassenlehrerin uns mit den Postern Aufklärungsunterricht geben. Aber eigentlich brauchen wir keinen. Ich denke, wir könnten Ihnen noch was beibringen. Glauben Sie nicht?«

Doch, davon bin ich überzeugt. Es läutet. Gianni dreht sich zu Veronika um:

»Halt's Maul, jetzt kommt der Segen! Ich will in die Pause.« Alle sprechen mit: Der Herr segne uns, und behüte uns ... und gebe uns seinen Frieden.

Von guten Mädchen und Kondomen

Daniela (zwölf Jahre) und Kerstin (dreizehn Jahre) prügeln sich keuchend, als ich hereinkomme. Als sie mich sieht, springt Melanie hoch und schreit:

»Gucken Sie mal, was die für Saukram in der Tasche hat.«

»Was hast Du denn in der Tasche, Daniela?

»Kondome«, kommt es trotzig, »aber das ist doch kein Saukram, oder?«

»Nein. Nicht, wenn man sie braucht. Aber wozu brauchst du sie?«

»Ich hab' mit einer Freundin gewettet, wer am meisten zusammenkriegt. Ich hab' schon zweiundfünfzig.«

»Und woher kriegst du die?«

»Die? Och, die krieg ich von meinem Bruder.«

»Lügnerin, Lügnerin!« schreit Melanie dazwischen, »Hast ja gar keinen Bruder!«

»Ich wollte sagen, mein Vater«, verteidigt sich Daniela.

»Manchmal kauf ich auch welche. Woll'n Sie mal sehn, Frau

Hermann? Die riechen ganz gut. Manche nach Schokolade oder Zitrone.«

»Hast du sie denn aufgemacht?«

»Nee, die riechen durch's Papier durch.«

Bereitwillig hält sie mir eine Handvoll unter die Nase – aber ich halte die Zeit für gekommen, mit dem Unterricht zu beginnen.

Wir beten: »Von guten Mächten wunderbar geborgen, erwarte ich getrost, was kommen mag …«

Noch während des Amen meldet sich Dragomir.

»Warum können wir nicht ein richtiges Gebet sagen, von Gott oder Maria – mehr was Heiliges?«

»Warum ist denn dies kein richtiges Gebet?« frage ich estaunt.

»Von guten Mädchen wunderbar geboren – so komische Sachen haben wir in Sarajewo nie gebetet.«

An Gott glaub' ich nur in Portugal

Mit Paula ist es wirklich schwierig. Meist döst sie transusig vor sich hin, und wenn ich sie auffordere, doch auch ihr Heft herauszunehmen oder einen Satz zu lesen, wird das große Mädchen bockig wie eine Dreijährige. Sie will nicht, sie kann nicht, nein – und überhaupt …

Dann, unvermittelt, ein Sturzbach von Tränen.

Anfangs hat mich das erschreckt. Was war denn so schlimm? Ich setzte mich auf ihren Tisch, legte die Hand auf ihre Schulter und unterrichtete – während sie geradezu behaglich vor sich hinschluchzte – einfach weiter. Ich brauchte eine Weile, um das Muster zu erkennen: Trotzen – Weinen – Trösten, und auch, dass Paula es geradezu darauf anzulegen schien. Na gut, ich werde nicht mehr mitspielen.

Ich fordere sie also zu nichts mehr auf, beachte ihr Verweigern nicht mehr. Zwei bis drei Stunden geht das so. Plötzlich knallt der Stuhl neben ihr auf den Boden. In der Stunde darauf fliegt das Buch gegen die Tür. »Bist du eigentlich bei Troste?« herrsche ich sie an, und prompt plärrt sie los – hat mich da, wo sie mich haben will.

»Ach, lassen Sie sie doch einfach flennen« raten die Mitschüler. »Paula ist einfach eine Heulsuse.« Wahrscheinlich haben sie recht.

Trotzdem will ich noch etwas anderes versuchen. Paula legt es ja offensichtlich auf meine Trost-Gesten an. Und wenn ich sie nun »trösten« würde, bevor es zum Eklat kommt?

»Zuwendungszufutter« nenne ich das für mich, und schreibe es mir jeweils mit Rot ins Vorbereitungsheft hinein.

Schon vor dem Unterricht halte ich nach ihr Ausschau, bitte sie, mir mit den Büchern zu helfen, finde ihren Haarreif schön, beim Erzählen stelle ich mich zwischendurch fast auf Tuchfühlung neben sie, verabschiede mich nach jeder Stunde mit Handschlag und – alle Bockereien, alles Kleinkindergeheul ist wie weggepustet.

Das klingt nach Erfolgsbericht, aber es ist nur Auftakt zu einer sehr traurigen Geschichte.

Paula begleitet mich jetzt oft bis zum Schultor. Einmal nimmt sie ihre dichten schwarzen Haare beiseite, so dass ich die tiefroten Kratzspuren am Hals sehe; ein andermal schiebt sie das T-Shirt hoch: lange, blaugrüne Striemen.

»Die Mama hasst mich einfach – sie schlägt mich jeden Tag. Und ich hasse sie auch.«

Ich gehe zum Schulleiter, zum Vertrauenslehrer. Was können wir tun? Vom Jugendamt war schon mal jemand dort. Ich spreche mit Paula. Sie ist entsetzt. »Niemanden schicken! Bitte, niemanden schicken! Das macht alles viel schlimmer! Als das letzte Mal eine Frau vom Jugendamt da war, hat die Mama mit so einer komischen hohen Stimme geredet und kaum war sie die Treppen hinunter, hat sie mich geschlagen wie nie. Ich dachte, sie will mich totschlagen.«

Aber so kann es doch nicht weitergehen. Geht es auch nicht. Paula ist abgehauen, zu ihrem geschiedenen Papa. Sie kommt zwei Wochen lang pünktlich zur Schule und starrt nicht so glasig vor sich hin. Dann holt die Mutter sie zurück.

Es ist die erste Mittwochstunde und unter der Überschrift »Gott sagt Ja zu mir« beten wir eine moderne Fassung des 139. Psalms: »Herr, du durchschaust mich, du kennst mich durch und durch …«. Da kommt Paula, zwanzig Minuten zu spät, sackt auf ihren Platz. Kopf auf den Tisch. Das Schülergespräch geht weiter.

»Sagt Gott denn zu allen Menschen Ja? – Wenn Babys getauft werden – der Pfarrer hat gesagt, das ist Gottes Ja. Stimmt das?«

»Ist doch alles Quatsch. Gott gibt's nicht. Basta!« wütend hat es Paula herausgezischt.

»Ich finde, Paula hat recht«, stimmt Fabio zu. »Ich glaub auch an kein' Gott.«

»Ich auch nicht«, »ich auch nicht« höre ich aus verschiedenen Ecken.

Das Interesse an Gottes Ja ist zu einem traurig-trotzigen Nein zu Gott umgeschwenkt.

Paula hat sich aufgesetzt, das Kinn in beiden Händen. Sie ist ein schönes Mädchen mit den großen dunklen Augen und dem vollen schwarzen Haar; aber der Zug Hoffnungslosigkeit lässt sie alt, fast lebensmüde erscheinen.

»Also das ist so. In Portugal, da glaube ich an Gott. Aber in Deutschland, in Deutschland kann ich nicht an Gott glauben.«

Dann erzählt sie, dass sie erst vor drei Jahren nach Deutschland gekommen ist, davor hat sie bei der Oma in Portugal gelebt, die hat ihr oft von Gott erzählt, sie mit in die Kirche genommen und – »die Oma war immer lieb«. Aber dann hat die Mutter sie hergeholt. »Die ist nur unzufrieden, nein, von Gott sprechen oder beten, das tut sie bestimmt nicht, das passt nicht zu ihr und nicht zu Deutschland und darum glaube ich auch nicht an Gott – in Deutschland.«

Gestern war der letzte Schultag vor den Sommerferien. Mein Arbeitszimmer ist erfüllt vom Duft einer einzigen Rose, eine große herrliche Blüte auf einem kurzen Stengelchen. Paula hat sie mir zum Abschied geschenkt. Sie fährt in den Ferien nach Portugal – vielleicht darf sie ja bei der Oma bleiben. »Bei der Oma und Gott«, sage ich. Wir lachen beide.

»Sag' mal, wo hast du denn diese wunderschöne Rose her? frage ich noch. »Ach« sagt sie, »ist doch eigentlich egal, oder?«

»Ja Paula, ist egal. Ich danke dir für deine Rose.«

Sie begleitet mich zum Schultor, wie so oft im letzten Jahr.

Wie gut wäre es, wenn Paula in ihrem Land bleiben könnte, wo nicht Fremdsein, Verzweiflung, Hass und Schläge ihr jede Erfahrung von Gott unmöglich machen.

»Nur in Portugal glaube ich an Gott«, hat sie gesagt.

Die Rose duftet – auch geklaute Rosen duften, denke ich und freue mich.

Ich hab' niemand so lieb wie mein' Hasen

Mit Marion wird es immer schlimmer. Dass sie täglich zu spät komme, im Unterricht nicht mitarbeite, daran habe man sich inzwischen gewöhnt. »Aber wenn sie jetzt auch noch das Stehlen anfängt, dann ist irgendwo Schluss.« Der Kollege ist sichtlich erschöpft, das Maß an Problemen übervoll.

Marion ist nicht in die Pause gegangen, drückt sich im Klassenzimmer herum. Schön ist sie nicht, klug ist sie nicht, auch nicht fleißig oder ordentlich. Trotz allem, ich mag sie. Darum gehe ich es direkt an.

»Du sag mal, was ist denn das mit der Klauerei?«

Sie wird rot, bis an die Haarwurzeln, senkt den Kopf; stumm.

»Du brauchst Geld. Brauchst du denn soviel Geld?«

»Ja«, haucht sie, »es ist wegen meinem Hasen.«

»Wegen deinem Hasen?«

»Ja, mein Hase, der ist doch mein einziger Freund. Ich habe niemand so lieb wie mein' Hasen. Ich mach mir Sorgen um ihn, wenn er stirbt, hab ich niemand mehr; dann will ich auch sterben.«

»Warum denkst du, dass dein Hase sterben könnte?«

»Weil er immer so quietscht und nicht mehr frisst. Mein Cousin hat ihn getreten.«

»Den Hasen getreten?«

»Und an den Ohren durch die Küche geschmissen. Ich habe geschrien, aber er hat ihn wieder geschmissen. Als Strafe.«

»Strafe? Wofür?«

»Weil – weil ich nicht mehr mit ihm schlafen will.«

»Nicht mehr?« – Marion ist vierzehn.

»Ja. Bei uns ist doch Krieg. Und darum ist mein Cousin auch nach Deutschland gekommen. Und mein Vater hat gesagt, er muss in meinem Zimmer schlafen, weil – wir haben nur zwei Zimmer – und so hat es angefangen.«

»Und jetzt willst du nicht mehr?«

»Ich weiß nicht. Aber als es meine Mutter mitgekriegt hat, hat sie mich halb tot geschlagen. Wenn ich schwanger werde, bringt sie mich um, hat sie gesagt. Darum. Und jetzt quält der Drago meinen Hasen.«

»Und darum brauchst du das Geld?«

»Ja. Weil der Tierarzt, der kostet fünfzig Mark. Und es geht dem Hasen so schlecht. Sein Ohr ist ganz blutig.«

Sie fängt an zu weinen. Es läutet. Die Pause ist zu Ende.

»Aber niemandem erzählen! – Ich gehe noch schnell zur Toilette.«

Ihrem verweinten Gesicht kann waschen nicht schaden. Trotzdem halte ich sie zurück.

»Magst du mir den Namen von dem Tierarzt sagen. Dann telefonier ich mal mit ihm. Du kannst dann ohne Geld mit dem Hasen hingehen.«

»Wirklich? Sie denken das geht?«

»Ja. Und dann brauchst du auch nicht mehr klauen.«

»Nee. Wozu auch?«

Wie mit Licht übergossen steht sie da. Überstrahlt ihr Schniefgesicht, die Zottelhaare, das krumpelige T-Shirt. Sie ist doch ein schönes Mädchen – warum habe ich das bisher nie gesehen?

»Marion hat sich anscheinend wieder gefangen«, meint der Kollege einige Tage später. Ja, den Eindruck habe ich auch.

Dann stirbt der Hase. Trotz Tierarzt. Und alles fängt von vorne an.

Gott in der Tiefe suchen – wie oft denke, sage ich mir selber diesen Satz. Aber wenn Tiefe auf Tiefe folgt? Wenn Tiefe so tief ist, dass kaum Licht und Luft bleibt zum Atmen für ein Kind wie Marion? Ich habe nichts dagegen, immer wieder mit in die Tiefen, die Schweinereien, Gemeinheiten, Ausweglosigkeiten ihres Lebens zu steigen, aber wenn er sich nicht finden lässt? Wenn der Saum, der Hauch seiner Nähe uns entgleitet, um uns noch hilfloser zurück zu lassen?

Ich hadere mit diesem Gott, der nicht mal einen Hasen retten kann.

Leichen im Fluss – das ist besser

Er ist einen Kopf größer als die anderen Viertklässler und fast ständig dabei, seine Fäuste zu gebrauchen, oder – mit größter Willensanstrengung – sie für wenige Minuten nicht zu gebrauchen.

Niemand weiß genau, wie alt er wirklich ist. Santos, aus Mosambik. Wenn er mit Erwachsenen spricht, versteckt er seine Hände, wie gefährliche Instrumente, am liebsten in den Taschen, steht da, wie ein junger Stier, unmittelbar vor dem Angriff.

Hatte ich zunächst geglaubt, er sei überhaupt nicht zu unterrichten, so fand ich bald heraus, dass es zwei Situationen gibt, die seine wilden Aggressionen förmlich aufsaugen. Spannendes, dichtes Erzählen – durchaus auch biblische Geschichten – plastische Bilder von Gefahr und Seelennot absorbieren ihn ganz. Dann sind seine Augen – in denen das Weiß der Augäpfel fast unnatürlich mit der sehr dunklen Haut kontrastiert – groß und aufmerksam nach vorn gerichtet, Schultern und Hände entspannt, weder in Aktion noch in der Hosentasche. Ähnlich ist es beim Malen und Zeichnen. Da kann er aufgehen im Farbenrausch; wilde und bizarre Formen, leuchtende Bilder.

Wehe, wenn Santos darin gestört wird. Dann entlädt sich die geballte Energie in Sekundenschnelle über den Störenfried. Die Faust im Bauch, im Gesicht oder ein Tritt ans Schienbein sind das mindeste.

Die Geschichte von Moses in Ägypten bietet genügend Gewalt und Qual, um Santos zu absorbieren.

»Ägypten ist Afrika?« Er spricht oder fragt sonst selten.

»Ja. Ägypten ist auch Afrika, im Norden, Mosambik mehr im Süden.«

»Weiter!« sagt er nur.

Die zehn Plagen, die der Herr über das Volk des Pharaos schickt, faszinieren Santos geradezu. Heuschreckenplage, Moskitoschwärme, verendende Rinder – das alles kennt er aus seinem Afrika. Blutiges Flusswasser. Es ist etwas Atemloses in seinem Zuhören.

»Aber wie kann denn ein Fluss blutiges Wasser haben?« wundert sich Kathrin.

»Klappe!« schnauzt Santos.

»Das geht doch gar nicht«, beharrt sie weiter.

»Verdammt. Und ob das geht. Musst nur genug Leichen reinschmeißen.«

»Was reinschmeißen?«

»Leichen, Blödkopf. Erzählen Sie weiter!«

»Sag Santos, hast du das gesehen, im Fernsehen oder in Wirklichkeit?« frage ich.

»In echt. In meinem Land ist doch Krieg. Meistens. Fluss ist jedenfalls besser als verbrennen.«

»Und warum?«

»Verbrennen stinkt so, und es dauert lange. Aber erzählen Sie jetzt weiter von Moses.«

Ich versuche es, aber es gelingt mir nicht mehr. Sie können malen.

Endlich ist die Stunde zu Ende.

»Schenk ich Ihnen«, Santos hält mir sein Bild hin, eine Orgie in schwarz und rot.

»Denkst du oft daran?« frage ich ihn.

»Manchmal. – Der Arm von meinem Onkel ist nicht mitverbrannt. Ich bin noch mal hin. Am nächsten Tag. Lag der immer noch da. Dann bin ich weggerannt.«

»Und jetzt bist du mit deinen Eltern und deiner Schwester in Deutschland?«

»Das sind nicht meine Eltern. Maria ist auch nicht meine Schwester. Verwandte. Die haben mich mitgenommen.«

»Und deine Eltern?«

»Weiß nicht. Weiß keiner. Bei uns ist doch Krieg.«

Er schnappt seinen Schulranzen, wirft dabei achtlos einen Stuhl um. Ich sage nichts.

»Tschüs bis nächste Woche.«

»Tschüs.«

»Erzählen Sie dann weiter?«

»Ja. Ich erzähle weiter. Und danke für dein Bild.«

Klosterbruder im Kampfanzug

Unterrichtseinheit zur Bibel, ihre Geschichte, ihr Aufbau.

Bernd bockt mal wieder: »So'n Schwachsinn: ›Buch der Bücher‹! Das wär das letzte Buch, was ich mir anschaffen tät.«

Die anderen malen hingebungsvoll von der Tafel ab, den ersten Satz des Alten Testaments in hebräischer Schrift: »Im Anfang schuf Gott ...«

Danach den letzten Satz im Neuen Testament in griechischen Buchstaben: »Die Gnade des Herrn sei mit euch allen.«

Bernd bockt weiter: »Ich hab einfach keine Lust, das schwachsinnige Gekrakel abzuschreiben!«

»Und wozu hast du Lust?«

»Panzer fahren. Tschetniks plattwalzen.«

»Du glaubst, das bringt etwas?«

»Weiß nicht. Spaß jedenfalls.«

Herausfordernd schaut er mich an. Offenbar ist ihm mal wieder nach einem Machtkampf zumute. Mir nicht. Aber wie komme ich drum herum? Schon der Tarnanzug, den er häufig trägt, nervt mich.

Nora meldet sich, sie ist ein geradezu massiges, wildgelocktes, temperamentvolles Sintimädchen. Obwohl Kollegen sie als grob und gewalttätig schildern, mag ich ihre Urviechigkeit.

»Sie haben doch mal gesagt, die Starken sollen den Schwachen helfen. Stimmt's?«

»Stimmt.«

»Ich bin stärker als der Bernd. Ich hab ihn gestern verhauen!«

»So. Hast du. Und was soll das jetzt?«

Ich drehe mich um und schreibe weiter an die Tafel, die Übersetzung der griechischen Schrift: »Die Gnade des Herrn sei mit euch allen ...«

Gnade hin oder her. Mir reicht es. Dieses ständige Ringen gegen Unlust und Grobheit. Ich zeichne eine Pergamentrolle, Urform des Heiligen Buches. Da tippt mir Nora auf die Schulter und hält mir zwei Hefte hin, ihres und das von Bernd und sagt im breitesten Schwäbisch: »Da hen' Se Ihre heiligen Regenwürmer. Ich hab's ihm gemalt. Und jetzt brauchen Se gar net mit dem Bernd händeln!«

»Und warum soll ich nicht mit dem Bernd händeln?«

»Weil's net passt zu Ihne!«

Bernd grinst zufrieden.

Nächste Stunde. Alle Schüler haben im Kochunterricht Lebkuchen gebacken. Sie dürfen die heftgroßen Stücke mit nach Hause nehmen. Der ganze Raum duftet nach Honig und Gewürzen.

So erzähle ich ihnen, wie diese Weihnachtsbäckerei ursprünglich in den Klöstern entstanden ist; wie der Honig sozusagen als Nebenprodukt bei der Kerzenherstellung übrig war, und die Gewürze zunächst als Heilmittel aus dem Orient kamen. Auch die Kreuzritter mögen eine Rolle gespielt haben.

»Kreuzritter?« Bernd wird hellhörig. »Was sind denn das für Ritter? Von denen können Sie uns ruhig mehr erzählen.«

Ich erzähle von den Kreuzrittern.

Als es läutet, ist er trotzdem wieder als erster an der Tür. Keiner hat es so eilig hinauszukommen wie Bernd. Plötzlich dreht er sich um, kommt zurück, bricht seinen Lebkuchen in der Mitte durch, hält mir eine Hälfte hin: »Da, für Sie.«

»Für mich? Wolltest du's nicht mit heimnehmen?«

»Eigentlich schon. Aber ich kann ja noch mehr backen. Das kann ich jetzt genauso gut wie Ihre Klosterbrüder!«

Bernd, mein Klosterbruder im Kampfanzug.

Kennt Ihr Gott eigentlich auch Ausländer?

Mirella sieht blass und verweint aus.

»Wenn meine Mutter auch noch ihre Arbeit verliert, müssen wir zurück. Wovon sollen wir hier leben – da hilft alles Beten nichts!«

»Und du willst nicht zurück nach Slowenien?«

»Was soll ich denn da? Ich kenn' mich da gar nicht aus. Ich bin doch hier geboren. Was sind denn überhaupt Ausländer? In Slowenien lachen sie, wenn ich nur den Mund aufmache.«

Tränen laufen ihr übers Gesicht.

Es gibt nichts Tröstliches zu sagen.

Plötzlich wirft sie den Kopf zurück und faucht mich an: »Kennt Ihr Gott eigentlich auch Ausländer?«

Andere Schüler kommen dazu, unterbrechen uns – aber ich habe sowieso keine Antwort auf ihre Frage gewusst.

Wir arbeiten weiter am Thema der gestrigen Stunde: »Menschen fragen nach Gott«. Die meisten langweilt es. Nur Mirella ist ganz beteiligt.

»Ich wünschte, es gäbe Gott – aber es gibt ihn nicht. Leider.«

»Das weißt du so genau?« frage ich.

»An den Teufel, an den glaube ich. Ich kann gar nicht anders. Dass es den gibt, das weiß ich einfach – der ist in mir drin, in meinen Träumen, in meiner Angst – überall. Aber Gott – ich weiß nicht, wo Gott ist.«

Mirella, zwei Wochen später. Gefragt nach ihrer größten Hoffnung, ihrem heißesten Wunsch, antwortet sie: »Dass meine Mutter mal wieder kocht, so wie früher.«

»Kocht sie denn nicht mehr?«

Mirella antwortet stockend, als buchstabiere sie einen dunklen Text.

»Seit der Vater arbeitslos ist – schon ziemlich lange – seither geht die Mutter putzen – in einer Kantine. Ja, der Vater ist meistens zu Hause. – Was er tut? Saufen, natürlich. Was sonst? – Ich gehe nicht mehr gern heim nach der Schule – früher, da hat es mittags nach Essen gerochen – jetzt nach Bier und Zigaretten. – Wenn die Mutter heimkommt, dann ist sie kaputt. Manchmal bringt sie Reste aus der Kantine mit, aber das Zeug – so kalt und glibberig – das mag ich nicht. Dann gibt sie mir zwei oder drei Mark – davon kaufe ich mir was Süßes.«

Das hübsche und lebhafte Mädchen von letztem Jahr ist träge und übellaunig geworden.

Ihre größte Hoffnung, dass die Mutter mal wieder gekocht hat, wenn sie heimkommt – der Gott, der ihr dies nicht erfüllen kann, an den kann sie nicht glauben.

Glücklich sein – das geht doch nicht

»Alle wollen glücklich sein«, so heißt die Überschrift im Buch.

»Das ist ja wohl klar«, meint Fred, »ich bin sowieso glücklich.«

»Meine Schwester ist glücklich, ich nur manchmal«, sagt Peter.

»Und du?« wende ich mich an die schweigsame Dragana.

»Ich? Glücklich sein? Das geht doch nicht.«

Das klingt so dunkel, so endgültig, dass mir jede aufmunternde Bemerkung schal erschiene.

Das Klassengespräch geht weiter. Dann teile ich Blätter aus, sie sollen aufschreiben, was für sie wichtig ist.

»Kann man auch malen?« fragt Dragana.

»Ja. Du kannst auch malen. Willst du Buntstifte?«

»Brauch keine. Schwarz reicht.«

Alle sind beschäftigt. Das war eine gute Idee mit dem Malen. Da braucht sie sich nicht mit der deutschen Sprache und der schwierigen Rechtschreibung zu plagen.

Dragana ist vor zwei oder drei Jahren mit ihrer Mutter aus Kroatien gekommen. Sie leben in einer winzigen Anderthalb-Zimmerwohnung an einer lauten Straße. Sie ist ein schönes Mädchen, aber wie in sich selbst verkrümmt, gebückt unter einer dunklen Last.

Ich sammle die Blätter ein. Die Kinder gehen in die Pause.

Draganas Blatt liegt obenauf. Sie ist in der Tür, als ich sie noch mal zurückrufe.

»Magst du mir etwas zu deinem Bild sagen?« Sie zuckt die Achseln.

»Ein großes Haus. Ich wünschte mir, wir hätten ein großes Haus mit einem Garten drumrum.«

»Ja. Dein Haus ist prächtig, die vielen Fenster, der vornehme Eingang. Aber es sieht aus, als wohne niemand darin.«

»Wohnt auch niemand. Die Erwachsenen sind alle im Krieg.«

»Aber im Garten sind viele Kinder.«

»Stimmt. Alle Kinder spielen im Garten.«

»Und was spielen die?«

»Krieg, natürlich.«

»Warum spielen die Krieg?«

»Weil, links, das sind die Kinder von Serben, das sind mehr, und auf der anderen Seite sind unsere Kinder. Wir sind weniger und haben nicht so viel Waffen wie die Tschetniks.«

»Du nennst sie Tschetniks?«

»Früher nicht, als wir noch richtig gespielt haben. Da hatten wir immer ihre Namen gesagt. Aber dann haben sie uns Ustascha geschimpft. Darum.«

»Und du? Bist du auch auf dem Bild?«

»Ja. Nein. Man kann mich nicht sehen. Weil – ich hab mich im Keller versteckt.«

»Im Keller?«

Sie nickt.

»Weil ich immer Angst habe.«

»Und im Keller fühlst du dich sicher?«

»Nein. Das Haus geht sowieso auch kaputt.«

Sie zeigt auf die Raketen, die über dem Haus ihre Bomben abwerfen. Eine hat das Dach durchschlagen.

»Und die schwarzen Blitze und die vielen dünnen Fäden, die überall hinreichen, auch bis zu den Kindern?«

»Das sind gefährliche Strahlen.«

»Gefährliche Strahlen? Was ist denn das?«

»Weiß nicht genau. Halt, dass es gefährlich ist. Wegen Krieg und Angst – und alle hassen sich.«

»Sprichst du manchmal mit deiner Mutter darüber?«

»Nein. Dann weint sie nur. Sowieso wegen Papa. Vielleicht ist er schon tot. Sie hört immer kroatische Nachrichten.«

»Und was tut sie sonst?«

»Nichts. Vor sich hinglotzen. Immer an eine Stelle. Sie spricht nicht. Fast nichts. Sie will nach Hause. Egal, wenn Krieg ist.«

»Und du? Willst du auch zurück?«

»Ich hab Angst.«

»Du hast die ganze Zeit Angst?«

»Nicht immer. Wenn ich in der Schule bin, habe ich keine Angst. Darum mag ich am liebsten hier in der Schule sein.«

Die Gitarre und das Sündenböckchen

»Heute haben Sie es einfach«, empfängt mich die Sekretärin, »nur drei Sündenböcke aus der vierten Klasse. Die dürfen nicht mit zu den Bundesjugendspielen.«

Die drei »Böckchen« sitzen auf den Tischen und baumeln lustlos mit den Beinen.

»Wir wollen keine Religion heute«, maulen sie mir entgegen.

Das kann ich in ihrer Situation verstehen.

»Gut. Kommt wir machen ein Spiel.«

»Spiele sind doof. Kein Spiel.«

»Dann erzähle ich euch von einem gefangenen Gemsbock in Afrika.«

»Was geht mich der Gemsbock an. Afrika interessiert mich nicht.«

»Was interessiert dich denn, Peter?«

»Mich? Och. Nischt.«

»Was würdest du denn gern tun, wenn die Schule schon aus wäre?«

»Nichts Besonderes. Video gucken.«

»Und wenn du groß bist – und du dürftest dir etwas wünschen, was würdest du dir dann wünschen?«

»Dass ich ein Gangster bin und alle Menschen Angst vor mir haben. Am meisten die Tschetniks.«

Seine kleinen Augen schauen mich hasserfüllt an. Was haben diese Kinderaugen schon alles gesehen, was hat diese Seele, dieses kümmerliche Körperchen in neun Jahren schon alles erfahren?

»Weißt du was ...«, fange ich neu an und lege meine Hand auf seine Schulter.

»Fass mich nicht an!« schnaubt er und springt vom Tisch.

In der Ecke steht eine Gitarre. Er nimmt sie und zupft rauh und wild an den Saiten.

»Gib mal her, ich stimm sie dir, dann tut's nicht mehr so schauerlich.«

Wir sitzen jetzt nebeneinander auf dem Boden, beinah einträchtig.

»Weißt du wie die Saiten heißen?« frage ich während des Stimmens.

»Ist doch wurscht.«

»Ein Alter Donkey Ging Hering Essen.«

»Was reden Sie da?«

»Vom alten Esel, der Hering isst.«

»Aber das ist doch Quatsch!«

»Praktischer Quatsch. So kannst du dir leicht die Saiten merken.«

»Kann ich sie jetzt haben?«

Peter nimmt die Gitarre wieder auf den Schoß. Das Schrummeln klingt schon besser. Jetzt zupft er einzelne Saiten, hingebungsvoll.

Ebenso hingebungsvoll bekritzeln Juan und Markus die Tafel mit Ferkeleien. Endlich mal ungestört; die ganze Tafel und alle Farben stehen ihnen zur Verfügung. Peinlich, empörend, so hätte ich noch vor kurzem gedacht. Prachtvoll, das sollten sie häufiger dürfen, denke ich heute.

Ich bleibe neben Peter am Boden sitzen. Seine Fahrigkeit, seine giftige Gereiztheit ist abgefallen. Konzentriert sucht er einzelne Töne.

»Warum lernen wir nicht Gitarre?« Es klingt fast bittend.

»Wenn du so gerne Gitarre spielen möchtest, vielleicht kannst du ja deine Eltern ...«

»Gibt's nicht!«

»Was gibt's nicht?«

»Eltern.«

»Ach so. Du hast keinen Papa mehr.«

»Nie einen gehabt. Weil er ein Schwein ist.«

Ich sage nichts. Greife die Bünde der Saiten, die er streicht. Es klingt beinah schön.

»Verdammte Tschetniks!« Peter stößt die Gitarre vom Schoß.

»Tschetniks. Wer?«

»Na, mein Vater. Serben-Schweine! Er ist schuld, dass mein Opa – sie haben ihn totgeschlagen.«

»Wer sagt das?«

»Die Mama. Wir sind Kroaten. – Wenn ich sechzehn bin, hau ich ab und bring sie alle um.«

»Wen?«

»Die Serben-Schweine natürlich!«

»Aber dein Vater …«

»Der ist nicht mein Vater! Der ist ein Tschetnik!«

Seine Augen sind Schlitze. Hass. Oder Sehnsucht? Beides: »Hass ist hungernde Liebe.« Nie habe ich das deutlicher gesehen.

»Es klingelt gleich. Wir müssen jetzt den Segen sagen«, ruft Juan herüber.

»Ich brauch keinen Scheiß-Segen«, kreischt Peter, versetzt der Gitarre einen Tritt und rast aus dem Klassenzimmer. Juan und Markus sehen mich fragend an.

»Kommt. Wir sagen den Segen für Peter mit.«

»Weil der sich benimmt wie ein Arschloch, sollen wir ihn auch noch segnen?« Markus ist empört.

»Weil er traurig ist, schlimmer als man's aushalten kann, darum.«

»Na, meinetwegen.«

Gott, segne uns, und behüte uns … und gib uns deinen Frieden.

Reflexionen

Schuljahresanfang. Ich teile farbige Blätter aus, darauf sollen die Kinder ihren Namen schreiben und etwas, was sie gerne tun.

Petra: Babysitten; Giovanni: Fußball, lese ich da zum Beispiel. Und dann, auf einem Blatt, im Querformat: »Mich kent man Nicht. Was ich gerne tu: nix.«

»Das ist wahrscheinlich Dragomir, so ein blasser, mickriger. Der ist noch nicht sehr lange in Deutschland«, erklärt ein Kollege später.

In der nächsten Stunde begrüße ich ihn: »Hallo, Dragomir!« Er dreht den Kopf weg. »So heißt du doch?«

»Heiß ich nicht!«

»Wie nennen dich denn deine Eltern?«

»Nennen mich nicht.«

»Und wenn dein Vater dich ruft?«

»Der ruft mich nicht. Der ist tot.«

Und später erfahre ich: Sein Vater ist tot, der Großvater, der große Bruder – alle tot. Seit einem knappen Jahr lebt er mit der Mutter und der kleinen Schwester in Deutschland.

Die wirklichen Verlierer der Kriege sind die Kinder, weil in ihnen zerstört ist, was sich meist nicht mehr aufbauen lässt – das Vertrauen in die Erwachsenen.

Die Erfahrungen und Eindrücke des Krieges, das Gefühl, heimatlos zu sein, in einer rundum bedrohlichen Welt, macht ihre Seele zu einem Ödland, auf dem nichts mehr wachsen will. Kinder, die welken, bevor sie blühen.

Eine Studie über lernschwache Schüler kommt zu dem Ergebnis, dass bei 42,9% der Einbruch im schulischen und psychischen Verhalten in unmittelbaren Zusammenhang mit schwerwiegenden Konfliktsituationen und erheblichem Wechsel der Lebenswelt besteht.

Wechsel der Lebenswelt: Die Erinnerung an Heimat ist überlagert mit Bildern furchterregenden und unmenschlichen Geschehens. Eine Welt, in der Freunde zu Feinden, Verwandte zu Verrätern und Nachbarn zu Mördern werden können – in einer solchen Welt gibt es nichts zu lachen und nichts zu hoffen. Zerstörte Kindheit, geraubte Zukunft.

Die Katastrophe seelischer Zerstörung und völliger Orientierungslosigkeit bietet den Nährboden zu dumpfem Hass: Der Hass auf das Leben wird je nach Situation zu Hass auf den Nächsten, zum Hass auf die Welt überhaupt. Und wir wundern uns über ihr aggressives Potential, ihre scheinbare Kaltblütigkeit beim Quälen anderer? Das aggressive Kind ist oft verzweifelt. Gewalt als Versuch, ängstigende Realität zu bewältigen? Kindergewalt ist nicht trennbar von Erwachsenengewalt.

Nicht immer richtet sich diese Gewalt nach außen. Die Erfahrung von Heimatlosigkeit und Lebensleere kann sich genauso in völligem Desinteresse, depressiver Kontaktscheue und Selbstmordgedanken äußern.

Eine Zwölfjährige identifiziert sich mit Anne Frank: »Ich mag sie, weil sie bestimmt verzweifelt ist. Sie kommt mir vor wie ich. Sie ist voller Trauer, weil sie hat keine Heimat und Angst vor allem, was kommt. Und sie hat recht: Sie hat auch keine Zukunft, weil man sie getötet hat.« Das heißt doch: Ich habe keine Zukunft mehr, weil man mich, mein Vertrauen, meine Liebe, meine Hoffnung getötet hat. So sitzen diese Kinder vor mir, und ich will Religion unterrichten. Religion – Rückbindung, Anbindung an ein Göttliches, ein Gutes, ein Heiliges? Manchmal bin ich wirklich froh, dass die Bibel nicht nur »heilige« Geschichten enthält:

Brudermord, Verrat, Sklaverei, Krieg, Angst und Tod. Diese Geschichten interessieren die Kinder nämlich, in dem ausweglosen Elend finden sie sich. Aber gibt es nicht irgendwo doch einen Ausweg? Gnade, Liebe, Erlösung? Brauchen sie das nicht vor allem? Das könnte schon sein – aber ich hab es nicht! Hab es nicht verfügbar zum Weitergeben, so wie ich ein Stück Brot, einen Apfel, einen Geldschein weitergeben kann.

Bedeutet das, alles bleibt wie es ist, und sie bleiben in ihrem Gefängnis aus Angst und Einsamkeit? Wenn es mir gelingt, dass sie die Tür zu ihrem dunklen Verließ ein wenig öffnen, dass sie beginnen über ihre schlimmen Erfahrungen zu sprechen, dann kann ein Prozess in Gang kommen. Ich habe mich oft gefragt, woran es liegt, dass im Sprechen über das Leid heilende Kräfte frei werden.

Gespräche gegen die Angst? In der Angst wird es eng, der Atem strömt nicht mehr. Angsterfahrung wird zur Gefängniserfahrung: Enge, Kälte, Einsamkeit, Dunkelheit. Erstarrung des Lebens. Aber zum Sprechen brauchen wir Atem. In vielen Völkern und Religionen ist der Atem das eigentliche Lebensprinzip. In der Genesis heißt es: »Da machte Gott den Menschen aus einem Erdenkloß und er blies ihm ein den lebendigen Atem. So also ward der Mensch ein lebendiges Wesen« (1. Mose 2,7).

Im Sprechen kommt der Atem in Bewegung, die Enge im Brustkorb weitet sich, Atem der uns durchströmt. Der Atem Gottes? – Das Kind, das da sitzt, verkrümmt wie ein dunkler Erdenkloß, wandelt sich zum lebendigen Wesen. Sprechen mit einem Menschen, Sprechen mit Gott. Die Angst zulassen. Die unterdrückte, die weggeschobene Angst ist es, die sich am Leben rächt.

Manchmal beginnt es mit einer biblischen Geschichte. Die Angst der Israeliten vor dem gewalttätigen Pharao, die Heimatlosigkeit Jakobs auf der Flucht vor dem Bruder – und dann sagt ein Kind: »Ich weiß das. Als wir von zu Hause weg sind ...«

Manchmal beginnt es aber auch mit einer Erinnerung: »Mein Onkel, das ist der Bruder vom Papa, der hat uns verraten, weil ...«. Und dann denken wir miteinander über die Brüder nach, die den kleinen Joseph in die Fremde verkauft haben.

Es gibt keine Geschichte, die sie nur über den in Worten vermittelten Inhalt erreicht. Immer kommt es darauf an, dass wir im gemeinsamen Hören, Nachdenken und Sprechen auch unsere Gefühle teilen. Und jedes Gefühl darf da sein, auch Hass und Wut, Ekel und Schmerz. Wieder geht es darum, das Kind in seinem Schicksal wahrzunehmen, es behutsam kennen zu lernen.

»Mich kent man Nicht« hat Dragomir aufgeschrieben. Wenn die Antwort auf die Frage: »Wer bist Du?« lautet: »Ich bin nicht«, dann geht es um Neuschaffen, Neuentdecken: Wenn du nicht bist, wenn man dich nicht kennt, dann mache ich mich jetzt auf die Suche nach dir, finde dich, will dich kennenlernen.

Hier ist die Grenze von der Pädagogik zur Therapie überschritten, doch bin ich sicher, dass nur wertfreie Zuwendung – vielleicht – verhindern kann, dass die Heimatlosen zu Kriegern, die Opfer zu Tätern werden.

Wege aus der Angst? Ich weiß, ich mache aus dem Einbeinigen keinen hoffnungsfrohen Sprinter, aber ich ermutige ihn zu humpeln. Mehr nicht.

Misshandelt und missbraucht

Gott ist bestimmt sauer auf mich

Alex ist ein schöner Junge, groß und schlank, mit seinem braunen Teint, den ebenmäßigen Gesichtszügen, widerspenstigen Locken. Nur sein Blick! Oft zieht er die großen, dunklen Augen schmal zusammen – ist es Angst oder Wut, Trauer?

Jetzt steht er vor mir, der lange Kerl, irgendwie geduckt und scheu.

»Ich bin doch eigentlich katholisch«, fängt er an.

»Ja. Ich weiß. Aber es macht nichts, du kannst ruhig …«

»Nein, ich mein, ich hab gehört, wenn man katholisch ist, dann kann man zu einem Priester gehen und dem alles sagen. Auch schlimme Sachen, Schweinereien und so. Und dann macht der es irgendwie wieder gut. Stimmt das?«

»Du meinst beichten.«

»Genau. So heißt das Wort: beichten. Aber wenn man doch keinen Priester kennt. Und auch Angst hat. Ich meine, ob man dann auch … Ich meine einem Lehrer, oder vielleicht einer Lehrerin … Sie wissen schon, was ich meine.«

»Du überlegst, ob du mir sagen kannst, was dich bedrückt?«

»Ja – und ob dann alles wieder gut ist.«

»Alex, wir können darüber sprechen, über das Schlimme. Aber ob dann alles wieder gut ist, einfach so, das weiß ich nicht.«

»Aber Sie können doch beten.«

»Du auch.«

»Ich kenn Gott nicht so gut. Außerdem denk ich immer, der ist jetzt bestimmt sauer mit mir.«

»Alex soll zum Turnen kommen!« ruft ein Mitschüler durch das Treppenhaus.

»Sag«, frag ich ihn, »möchtest du mal zu mir kommen, und wir haben dann mehr Zeit darüber zu sprechen?«

»Ja. – Nein ...« Er senkt den Kopf und wird glühend rot.

»Nein. Ich will lieber nicht kommen. Nicht sprechen. Das sind so schwierige Sachen, die Sauereien und so ... Kann ich es auch aufschreiben?«

»Du kannst es auch aufschreiben.«

»Gut.« Er packt seine Sporttasche und prescht zur Turnhalle.

Ich bin gespannt auf den nächsten Tag. Alex sitzt entgegen seiner Gewohnheit schon auf seinem Platz; den Kopf gesenkt. Und so bleibt er. Keinmal meldet er sich, keinmal hebt er den Kopf, kein einziges Mal schaut er auf.

Die Woche darauf. Es regnet, und ich will schnell über den Schulhof laufen. Da steht Alex. Streckt mir einen Umschlag hin: »Aber erst zu Hause aufmachen. Versprochen!«

»Versprochen.«

Jetzt bin ich zu Hause. Das Papier ist noch feucht vom Regen, die Schrift ein wenig verwischt. Aber ich kann es lesen:

»Ich bin ein schwulles Arschloch. Ich ein Wickser. Ich wollte nicht. Zuerst gekotzt. Aber jetzt schon dran gewönt. Aber auch Angst. Vieleicht hast mich Gott. Wegen meiner Oma in Italien, früher da hatte ich Gott zimlich gern. Jetzt kenn ich mich nicht mehr so gut aus. Ist Gott sauer auf mich. Und was pasiert dann? Ich hab Angst, weil ich will nicht sterben. Können sie mal mit Gott beten wegen diesen Sachen. Alex.«

Sechs Tage später. Alex kommt mir schon unten im Treppenhaus entgegen.

»Haben Sie's gelesen.«

»Ja.«

»Und?«

»Wie meinst du ›und‹?«

»Ob Sie, ich meine, ob Sie wegen der Sache gebetet haben.«

»Ja.«

»Und was sagt Gott? Ist er noch sauer auf mich?«

»Du, der spricht mit mir auch nicht so deutlich. Aber ich glaube, dass er nicht so sehr sauer ist auf dich.«

»Glauben Sie wirklich? Aber können Sie noch ein bisschen länger beten?«

»Kann ich. Dass Gott bei dir ist, wenn du Angst hast.«

»Ist das alles.«

»Ja. Das ist alles.«

Zwei Wochen später sind Ferien. Ich verabschiede mich einzeln von den Schülern. Alex streckt mir seine Hand hin, strahlt: »Ich glaube, es hat geholfen. Sie wissen schon, was ich meine. Übermorgen fahre ich zu meiner Oma. Nach Italien.«

Nutte! – Na und?

Hysterisch schreiend flüchtet Julia durchs Treppenhaus. Ihr auf den Fersen fünf Mädchen aus ihrer Klasse, johlend, fluchend: »Hure! Nutte! Verdammte Nutte!«

Sie werfen eine Schultasche nach ihr, ziehen sie an den Haaren, reißen ihr den Jackenärmel 'raus. Julia wirft sich in meine Arme: »Helfen Sie mir!«

»Was ist denn hier los?« donnere ich die fünf wütenden Raubkatzen an.

»Die Julia ist eine Hure, eine ganz verdammte Hure!«

»Kannst du das mal erklären?«

»Da gibt's nichts zu erklären. Auf der Klassenfahrt, fragen Sie die anderen ... Fast alle Kerle. Die fickt herum ... Und jetzt auch noch mit dem Pedro aus der neunten!«

»Na, und?« Das habe ich gesagt und bin darüber fast ebenso erstaunt wie die Mädchen.

»Finden Sie das vielleicht gar nicht schlimm, wenn die dauernd herumbumst?« Sogar die sonst stille Sonja entrüstet sich.

»Warum schläft man eigentlich mit einem Jungen?« frage ich.

»Na ja, weil man ihn liebt.«

»Genau. Und wenn man jemanden liebt, dann ist es schön.«

»Und wenn man ihn nicht liebt?«

»Dann ist es traurig – weil man sich so sehr nach Liebe sehnt und sie sonst nirgends bekommt.«

»Stimmt«, sagt Sabine leise und ernst. Es ist wohl eine Erfahrung, die sie kennt.

Plötzlich stehen wir alle etwas hilflos herum. Die Luft der moralischen Empörung ist raus.

»Da«, die aktive Draga hält Julia ein Taschentuch hin: »wisch dir die Rotze ab.«

»Setzt euch mal hin.«

Was in aller Welt soll ich nach diesem Auftakt unterrichten? Weiter über dieses Thema sprechen? Ich fürchte einen neuen Ausbruch.

Im Regal stehen die dicken roten Bibeln. Ich teile sie aus.

»Was, jetzt in der Bibel lesen?« Sie spüren genau wie ich, dass das gar nicht passen will.

»Das haben wir doch noch nie getan!«

»Weiß ich. Darum tun wir's jetzt.«

Ich muss suchen, bis ich sie finde, diese Geschichte, die unserer Geschichte so ähnlich ist – bei Johannes, im 8. Kapitel. Die Gesetzestreuen schleppen sie herein, die Sünderin, mit einem fremden Mann hat sie geschlafen, dafür soll sie gesteinigt werden. Warum verurteilt dieser Jesus sie nicht? Und was sagt er? Wer ohne Sünde ist, werfe den ersten Stein.

»Heißt das, es ist ihm egal, wie man's treibt? Ehebruch und so?«

»Nein. Es heißt, dass wir mit Steinen und mit Fluchen niemanden davon abbringen, Liebe zu suchen.«

»Und warum gehen dann alle weg?«

»Was denkst du?«

»Vielleicht trauen sie sich nicht mehr, weil sie wissen, dass sie heimlich auch schon Scheiß gebaut haben.«

Sabine denkt angestrengt nach.

»Scheiß bauen, ich meine Sünde und so, hat denn das mit Liebe zu tun?«

»Oft ja. Mit Liebe, die wir suchen, weil wir sie nicht genug haben.«

Ein bisschen erschöpft sind wir jetzt alle. Ich lasse sie etwas früher nach Hause. Im Hinausgehen höre ich Sabine fragen: »Julia, wir gehen heute ins Inselbad. Willst du mitkommen?«

Dieser Satz ist nicht ausgedacht und erfunden! Er ist wahrhaftig genau so gesagt worden, von einem Mädchen, das vor einer halben Stunde ein anderes in geiferndem Hass am liebsten erwürgt hätte.

Auf dem Tisch liegen noch die dicken Bibeln. Mir ist nach Streicheln zumute.

Ich stelle sie ins Regal zurück. Langsam, eine nach der andern. Dankbar.

Mitten im Matsch – die Blume

Sie geht neben mir die Treppe herunter, begleitet mich bis auf die Straße.

»Alexa, musst du jetzt nicht ins Turnen?«

»Doch. Aber ich geh nicht. Ich hab gesagt, mir ist schlecht. Das ist gelogen – aber was soll ich tun?«

»Und warum willst du heute nicht ins Turnen?«

»Wollen Sie es sehen?« Sie schiebt ihr T-Shirt hoch. Blutunterlaufene Striemen am Rücken. Nimmt das Halstuch ab – über das ich mich, bei der Hitze schon gewundert hatte. Lange Kratzspuren und dunkle Flecken am Hals.

»Wer?« frage ich erschreckt.

»Meine Mutter«, kommt es sachlich zurück. »Sie macht das oft. Darum komm ich manchmal nicht zur Schule. Und ich will nicht, dass es die anderen sehen.«

»Aber das geht doch nicht!«

»Doch. Das geht. Schon lange.«

»Und warum schlägt sie dich?«

»Ich weiß nicht genau. Wegen allem. Aber nach sechs Uhr kriege ich keine Schläge mehr.«

»Nach sechs Uhr nicht mehr? Warum nach sechs Uhr?«

»Weil dann mein Vater von der Arbeit kommt. Dann traut sie sich nicht mehr. Weil, dann schlägt er sie.«

»Schlägt er dich denn auch?«

»Nein. Mich schlägt er nie. Im Gegenteil.«

»Im Gegenteil? Wie meinst du denn das?«

Sie schaut weg. Blicklos an mir vorbei.

»Du. Alexa – schläft dein Vater mit dir?«

»Aber nicht oft. Sie dürfen es niemand sagen! Sonst kommt er ins Gefängnis.«

»Du hast deinen Vater gern?«

Sie nickt.

»Und die Mutter?«

»Sie schlägt mich.«

»Und du willst nicht weg von zu Hause?«

»Doch. Manchmal schon.«

»Wenn du es wirklich willst, dann ist es auch möglich. Weißt du, es gibt Heime, wo …«

»Das hat meine Ärztin auch schon gesagt. Sie hat gesehen, dass ich geprügelt werde. Aber es geht nicht.«

»Warum geht es nicht?«

»Weil – meine Mutter kommt doch aus Griechenland. Und wenn es meine Oma und Opa und die ganze Familie dort erfährt – das geht einfach nicht. Bei uns hat man Kinder sehr gern.

Und wenn sie hören, dass ich weggeh, weil ich immer geprügelt werde, dann hassen alle meine Mutter. Dann denken sie ganz schlecht von ihr.«

»Und du willst nicht, dass sie schlecht von ihr denken?«

»Nein. Dann hat sie niemand mehr. Niemand liebt sie. Und das will ich nicht.«

»Du fühlst dich für deine Mutter verantwortlich?«

»Was heißt verantwortlich?«

»Du willst nicht, dass es ihr schlecht geht, obwohl sie dich verprügelt?«

»Sie tut mir leid, weil – sie weint oft. Und, wenn sie mich nicht schlägt, dann lieb ich sie manchmal. Darum.«

Am nächsten Tag fehlt Alexa schon wieder in der Schule. Ich nehme mir vor, mit dem Klassenlehrer zu sprechen, finde ihn aber nicht.

Am Nachmittag ruft sie an.

»Haben Sie es jemandem gesagt?«

»Nein. Aber ich denke, es wäre ...«

»Bitte nicht! Bitte, bitte nicht. Dann ist alles aus. Dann hau ich ab. Oder ich bring mich um. Niemandem sagen! Versprechen Sie's?«

»Oh, Alexa ...«

»Versprechen! Sie müssen es versprechen!«

»Und du versprichst, dass du mir sagst, wenn du selber möchtest, dass etwas geschieht?«

»Von mir aus. Und ich kann Sie anrufen? Wann ich will?«

»Wann du willst.«

In den kommenden Wochen habe ich manchmal Angst, den Hörer abzunehmen. Ist es Alexa? Ich habe Angst vor meiner Ratlosigkeit. Das anfängliche Entsetzen über »solche Familienverhältnisse« hat sich gelegt, aber meine Verunsicherung ist gewachsen. War es mir nach dem ersten Gespräch noch ganz klar, was hier richtigerweise zu tun wäre – so weiß ich es jetzt immer weniger. Die erstaunliche Leidens- und Liebesbereitschaft, inmitten einem wirren Knäuel von Hass und Schmerz ...

Donnerstag. Wir haben heute früher Schule aus. Sie begleitet mich zum Wagen. Bleibt unschlüssig stehen.

»Sollen wir noch etwas spazieren gehen?«

Ich fahre hinaus zum Rappenhof. Nach dem gestrigen Regen ist der Boden aufgeweicht. Wir gehen nebeneinander her, reden wenig. Auf der Höhe halte ich an. Der Blick in die Weite, der Wind, das Licht hinter den Wolken.

»Ist es nicht schön?«

Zustimmung suchend wende ich mich nach Alexa um. Sie schaut auf den Boden.

»Ja, sehen Sie mal – das Gänseblümchen. Mitten im Matsch.« Erstaunt schaue ich auf zertretenes Gras, jauchig vom Schafsmist, Zigarettenkippen. Mittendrin diese kleine Blume, unzertreten, unbeschmutzt, aufrecht und weiß im Schmuddelschlamm.

»Ich mag Gänseblümchen«, sagt Alexa.

»Ich auch. Sehr sogar.«

Wir schauen uns an. Nehmen einander wahr – dankbar für einander.

Lange hat sie sich nicht gemeldet. Zwei oder drei Wochen gefehlt. Als sie wieder in die Schule kommt sieht sie elend und schmal aus. Nachmittags ruft sie an.

»Warst du so lange krank?«

»Eigentlich nicht.«

»Aber du hast gefehlt.«

»Ja. Alles ist jetzt anders. Mein Vater ist ausgezogen. Er hat jetzt eine Freundin.«

»Ist das nicht gut?«

»Gut? Meine Mutter weint jetzt nur noch. Und sie säuft. Was soll sie sonst tun?«

»Und du?«

»Ich? Gut, dass ich jetzt nicht im Heim bin. Ich tröste sie.«

»Geht denn das?«

»Nein. – Ich hab meine Oma in Griechenland angerufen. Vielleicht gehen wir wieder zu unserer Familie zurück.«

»Willst du gerne zurück?«

»Weiß ich nicht. Aber dann hat meine Mutter wieder eine Familie.«

»Gibt es in Griechenland Gänseblümchen?«

»Das weiß ich nicht mehr. Warum?«

»Weil du sie magst. Und ich auch.«

Letzter Schultag. Alexa verabschiedet sich.

»Nach den Ferien komme ich nicht mehr in die Schule. Wir bleiben in Griechenland.«

»Für immer?«

Sie zuckt mit den Achseln.

»Vielleicht. Ich kann Ihnen ja schreiben. Ob es Gänseblümchen gibt – und überhaupt.« Sie lacht.

»Ja schreib. Ob es Gänseblümchen gibt. Und überhaupt.«

Wir lachen nicht mehr. Spüren den Abschied. Dass es weh tut. Auseinandergehen nach einem langen Jahr miteinander, Hilflosigkeit, Dreck und Matsch. Aber auch diese kleine helle Blume. Alexa wird schreiben.

Miteinander schlafen – so'ne Sauerei

Eine ungewöhnliche Stunde, mal wieder. Angefangen hatte es mit meiner Müdigkeit. Warum die Schüler nicht auch mal einfach lesen lassen, aus der schönen illustrierten Schülerbibel?

Abraham und Sarah hatten keine Kinder ...

»Wir wollen nicht lesen! Bitte, was anderes!«

»Und was willst du so unbedingt?«

»Wir wollen sie alle Schweinereien fragen!«

»Und was möchtest du wissen Brian?«

»Warum ficken Erwachsene? Macht ihnen das denn Spaß oder warum?«

»Wenn eine Frau und ein Mann miteinander schlafen – dann ist das eine Schweinerei?« frage ich zurück.

Fast alle Kinder nicken.

Als am nächsten Tag der Klassenlehrer mich bittet, einmal eine Stunde Aufklärungsunterricht einzubauen, es sei bitter nötig, kann ich dem nur zustimmen, bitte mir aber im Gegenzug eine Doppelstunde aus.

Ich habe einen Napfkuchen mitgebracht, Kerzen, Kakao. Im gemütlichen Nebenraum decken wir für uns elf einen Geburtstagstisch und lassen es uns schmecken.

»Warum feiert man eigentlich Geburtstag?«

»Zum Erinnern. Und zum Freuen«

»Warum freuen?« fragt Mirella erstaunt.

»Freuen, dass wir leben. Wer alles freut sich denn?«

»Die Eltern.«

»Mein Opa.«

»Gott vielleicht?«

»Ich freue mich am meisten selber!«

Das ist dem sehr kleinen aber strahlenden Michael auch ohne weiteres anzusehen.

»Und damit wir geboren werden können …«

»… müssen die Eltern ficken.« Brian hat den Satz fertiggemacht. Sein helles und waches Gesicht wirkt seit einiger Zeit verquält. Mirella hat ihr zweites Stück Kuchen verkrümelt und steht jetzt im Türrahmen.

Wir überlegen, ob wir auch noch andere Worte kennen für »ficken«.

»Bumsen«, ist der nächste Vorschlag.

»Aufreißen.«

»Sich lieben.«

»Miteinander schlafen.«

»Ist doch egal, die Worte. Ich will endlich wissen, warum sie es tun«, drängelt Brian.

Mirella öffnet die Tür und geht hinaus.

»Wo gehst du hin?«

»Raus, ich will die Sauereien nicht hören.«

Zum Zurückkommen ist sie nicht zu bewegen. Sie kann beim Klassenlehrer nebenan bleiben.

Als wir am Ende unserer Geburtstagsstunde aufräumen, haben alle heiße Ohren und fröhliche Augen. Den Thaddäus Troll »Woher die kleinen Kindle kommen« haben wir miteinander angeschaut und vieles erzählt und vieles gefragt.

»Verdammt gut, dass es Geburtstag gibt«, stellt Brian jetzt zufrieden fest und schüttelt sich die restlichen Kuchenkrümel in den Mund. Ich finde das auch. Aber Mirella?

Tagelang beschäftigt mich ihr Verhalten. Ihr großer Bruder sei aus Kroatien wieder zurückgekommen, sagt mir ein Kollege.

»Und, was heißt denn das?«

»Genau weiß man das natürlich nicht. Aber er schläft im gleichen Zimmer. Der Vater war deswegen im Gefängnis.«

»Weswegen?«

»Na, sie wissen schon.«

Ja, jetzt weiß ich. Missbrauch also.

»Sie halten das für möglich?«

»Möglich? Wahrscheinlich.«

Renate heult auf. Mirella hat sie mit dem Bleistift in den Hals gestochen, dass es blutet. Ich hole Mirella zu mir nach vorn. Im

Vorbeigehen zieht sie René den Stuhl weg. Seine Brille fällt herunter, ein Glas springt raus. Ich helfe ihm.

»Gemeine Sau! Gucken sie mal, Mirella hat mein Bild verschmiert.«

Das reicht für heute. Ich schicke sie in den Nebenraum. Durch die offene Tür sehe ich, dass sie sich auf den Boden gelegt hat, dort in das goldene Sonnenrechteck. Es scheint ihr gut zu gehen.

Uns auch. Eine friedliche Stunde.

»Mirella, komm zum Schlusssegen wieder rüber.«

Bereitwillig steht sie auf, stellt sich hinten neben Michael.

»Gott segne uns und behüte uns ...«

Beim ersten Klingelton stellt sie Michael ein Bein, wirft sich über den kleinen schwachen Kerl, kämpft ihn keuchend nieder. Während ich sie hochziehe, verpasst sie Michael einen Tritt in den Bauch, dass er sich krümmt.

Nach der Schule spreche ich mit dem Klassenlehrer. Mirella hat offenbar noch herumgelungert, sieht mich, rast auf mich zu. Ich fange sie mit beiden Armen auf und halte sie fest.

»Warum bist du denn noch hier?« fragt sie und duzt mich plötzlich – sonst ist ihre Sprache eher altklug und spröde.

»Weil wir gerade über dich gesprochen haben, du Ungeheuerchen«, antworte ich wahrheitsgemäß.

»Über die schlimmen Sachen, die du dauernd anstellst.«

»Aber ich bin nicht schlimm!«

»Nicht schlimm. Was bist du denn?«

»Ich bin lieb.«

»So, lieb bist du also.«

Ich bin drauf und dran, ein Späßchen über Mirellas Lieb-Sein zu machen, da sehe ich, dass sie ganz ernst ist.

»Ja. Es stimmt. Ich bin lieb.«

Ihre Augen füllen sich mit Tränen. Ihr Körper in meinen Armen wird weich.

»Mirella, Mirella, der Pedro, der wartet auf dich, der will dich – du weißt schon was.«

Das ist Brian, der sein Turnzeug vergessen hatte.

»Dreckiges Schwein!«

Im Bruchteil einer Sekunde ist ihr Körper wieder stahlhart. Mit gehobener Faust rennt sie Brian hinterher.

Ich sehe ihr nach, jetzt kämpfe ich mit den Tränen. Für eine Minute haben wir beide es gewusst, und es war gültig: Mirella ist lieb. Was immer ihr Böses angetan wurde, was immer sie noch Böses tun wird, in der Tiefe ihres Wesens gilt: Mirella ist lieb. Gott segne und behüte das Ungeheuerchen!

Manchmal denke ich, die Mama mag mich doch

Nachmittags. Das Telefon.

»Doro, du bists. Wie geht es dir?«

»Schrecklich. Ganz schrecklich. Ich hab mein ganzes Leben versäumt.«

Etwas erstaunt über diese Wortwahl frage ich zurück, »wie versäumt man denn sein Leben?«

»Mein Freund ist abgehauen. Für immer. Ich hab gesagt: Verpiss dich du Arschloch – und dann hat er mich geschüttelt und ist weggefahren.«

»Und da wunderst du dich?«

»Was soll ich denn sonst zu ihm sagen?«

»Du wolltest ihn beschimpfen, aber du wolltest nicht, dass er weggeht?«

»Ja. Nein. – Das ist so: Meine Mutter hat mich mit dem Freund gesehen. Sie denkt nur daran, dass ich mit ihm schlafe, und dann schmeißt sie mich raus. Sie weiß doch nicht, dass ich nie mehr mit einem Jungen schlafen will.«

»Nie mehr?«

»Seit damals. An meinem zehnten Geburtstag. Da wurde ich vergewaltigt.«

»Weiß das denn deine Mutter?«

»Ich glaub schon. Aber vielleicht hat sie es auch vergessen. Sie spricht nie mehr davon.«

»Und du hast es nicht vergessen?«

»Nein. Niemals. Es war an meinem Geburtstag und ich sollte meinem Onkel was bringen. Der arbeitet in einer Disco. Und da war ein großer Junge. Ganz nett sah der aus. Der ist mit mir rausgegangen und dann hat er mir plötzlich den Mund zugehalten und mein Kleid zerrissen, und dann hat er es getan.«

»Du hast es der Mutter gesagt?«

»Erst hab ich gelogen. Ich hatte so Angst. Ich hab gesagt, ich bin von der Mauer gefallen. Aber dann hab ich nicht aufgehört zu zittern und der blaue Fleck und alles … und dann hab ich's doch gesagt. Und wir sind zum Arzt. Der hat gesagt, ich kann gar nicht schwanger werden, weil ich noch zu klein bin. Und dann war meine Mutter beruhigt. Erst wollte sie noch zur Polizei – aber mein Vater – mein Vater – der war schon immer so ein gemeiner Kerl ...«

»Dein Vater?«

»Ja, der hat gesagt, nicht zur Polizei. Wahrscheinlich bin ich selber schuld. So 'ne Gemeinheit!« Sie fängt an zu weinen. »Meine Mutter hat ihn angeschrien, und er hat sie geschlagen – alles wegen mir. Aber sie wollten sich sowieso scheiden lassen, und jetzt ist er schon lange weg, dieser verdammte ...«

Ich unterbreche sie, »diese Fluchwörter Doro, das finde ich so anstrengend und vielleicht geht es ja deinem Freund auch so.«

»Wieso? Meine Mutter sagt das auch immer. Außerdem ist es mit meinem Freund ganz anders.«

»Mit ihm ist es anders?«

»Ja. Das Problem ist nur, wenn ich mit ihm im Wald spazieren gehe – wenn er den Arm um mich legt, dann fang ich immer an zu zittern, und dann sag ich ihm, er soll mich in Ruhe lassen – weil, dann muss ich immer an meinen zehnten Geburtstag denken. Aber der kapiert das nicht.«

»Und wenn du versuchst, es ihm zu erzählen?«

»Ach, jetzt ist es sowieso zu spät. Er hat doch Schluss gemacht. Gestern, er hat jetzt ein Auto – und ich hab gesagt, er soll nicht so schnell fahren, und dann ist er gerast. Und dann, ich hab gesagt, fahr langsam, oder ich mach die Türe auf. Dann hat er angehalten und ist rumgekommen, und ich habe ihn angeschrien, dass er sich verpissen soll. Und dann ist er weggefahren und hat mich einfach an der Straße gelassen.«

Sie ist still. Nach einer Weile frage ich, »und nun?«

»Ich hab Sie angerufen, weil ich mir überlege, weil, dass ich abhauen will ...«

»Abhauen?«

»Ja. Ich weiß aber nicht wohin.«

»Und darum wolltest du mit mir sprechen? Ich finde es gescheiter, wir sprechen mal richtig miteinander, nicht nur am Telefon. Magst du mich übermorgen besuchen?«

Sie holt einen Zettel und schreibt die Straße auf.

Am nächsten Tag fehlt sie in der Schule. Am übernächsten erfahre ich, dass sie im Krankenhaus ist – die Mutter hat sie die Treppe hinuntergeworfen. Nachmittags besuche ich sie im Krankenhaus. Ich besuche sie noch öfter in den drei Wochen, die sie dableiben muss – und sehe, wie sie aufblüht. Sie genießt es, umsorgt zu werden, genießt es, mit den jüngeren Kindern auf der Station zu spielen, genießt die Gespräche.

Heute habe ich ihr eine Dose Mackintosh's Bonbons mitgebracht. Eine ebensolche steht schon auf ihrem Nachttisch.

»Von meiner Mama. Sie hat mich schon ein paarmal besucht. Sie ist immer ganz lieb zu mir. Manchmal … manchmal denke ich, sie mag mich doch.«

Ein Krankenhausaufenthalt zur rechten Zeit.

Ich bin traurig – weil ich jetzt nicht mehr Jungfrau bin

Weinend ruft sie an. Ich erkenne sie schon am Schluchzen.

»Hat die Mutter dich wieder geschlagen, Maria?«

»Nein. Ja. Aber das macht nichts.«

»Das macht nichts?«

»Ich bin gegen den Tisch gefallen, und das Ohr hat geblutet. Da bin ich weggerannt und zur Ärztin. Dafür hab ich dann noch mal Schläge gekriegt.«

»Noch mal?«

»Die Mama sagt, ob ich sie verraten will. Ich will gar nicht. Aber die Ärztin hat doch schon zweimal gefragt, weil ich immer so blau und zerkratzt bin. Darum hat die Mama Angst – ob ich kaputt gehe, das interessiert sie nicht. – Aber es ist etwas viel Schlimmeres.«

»Was ist das Schlimmere?«

»Ich bin schwanger.«

»Du bist sicher?«

»Wahrscheinlich, ja. Weil, ich hab nicht meine Tage gekriegt, und mein Freund …«

»Was ist mit dem?«

»Dieser gemeine Hund! Umbringen will ich den. So 'ne Gemeinheit.«

»Weil ihr miteinander geschlafen habt?«

»Aber das haben wir doch gar nicht!«

»Dann kannst du auch nicht schwanger sein.«

»Doch, weil ..., weil ..., der gemeine Hund. Er kann mit mir machen, was er will, sagt er, weil, ich bin Ausländerin, weil, meine Eltern kommen aus Spanien. Und ich wollte Schluss mit ihm machen, weil er mich immer quält. Und dann hat er gesagt, ich erlebe noch eine schöne Überraschung. In acht Monaten oder so, und ich soll mal auf meinen Bauch gucken. Und dann hat er gesagt, bei der Party, da war ich stockbesoffen, weil er hat das extra gemacht, und dann hat er mit mir geschlafen.«

»Stimmt denn das?«

»Wie soll ich's denn wissen? Ich war doch besoffen. Sein Freund, der dabei war, hat ganz gemein gegrinst und auch noch anderes Zeugs erzählt. Ich war doch total zu. Ich weiß nichts mehr. – Meine Mutter bringt mich um. Ich hab so schreckliche Angst. Ich hab mit meiner Oma in Toledo telefoniert. Sie sagt, ich soll beten. Manchmal bete ich. Aber das hilft nur so kurz. Man muss so oft beten. Was soll ich denn tun, wenn ...«

»Erst mal ein Schwangerschaftstest.«

»Und wenn ...«

»Das ›wenn‹ überlegen wir dann.«

»Aber, meine Mutter ...«

»Das überlegen wir danach. Und ruf mich wieder an, wenn du das Ergebnis hast.«

In den nächsten Tagen ertappe ich mich dabei, immer wieder an dem ›wenn‹ herumzudenken. Wenn sie nun ein Kind erwartet? Abtreibung, eine Lösung? Keine Lösung? Welche Lösung? Das überlegen wir dann – auch ich versuche mich daran zu halten.

Strahlend läuft Maria mir über den Schulhof entgegen. Flüstert mir zu »ich bin's nicht. – Sie wissen schon.«

Während der Stunde schaut sie immer wieder herüber, lächelnd, als sei eine Zentnerlast von ihr abgefallen. Am Schluss gibt sie mir einen Zettel in die Hand: »Sind Sie zu Hause? Ich will Sie noch mal anrufen.«

Sie ruft an.

»Gut, dass Sie da sind.«

»Nun. Sieht die Welt wieder besser aus?«

»Ja. Wissen Sie was, meine Mutter hat gefragt, ob mir was fehlt. Weil, als ich nach Hause kam von der Apotheke, da war ich so froh, und sie kam gerade an die Tür, und da hab ich sie umarmt. Sie war total erschrocken – weil, das tu' ich nie. Aber trotzdem …«

»Ist da noch was?«

»Ja. Ich bin traurig, weil jetzt bin ich nicht mehr Jungfrau, und ich hab's nicht gemerkt. Ist das schlimm?«

»Schlimm? Du bist traurig darüber – das kann ich gut verstehen.«

»Und meine Freundin, Nurgöl, hat Angst vor dem Tod. Ihr Vater ist Türke.«

»Und darum hat sie Angst vor dem Tod?«

»Ja. Weil, sie ist zusammen mit mir zur Apotheke gegangen. Und sie, sie ist schwanger.«

»Und, was wird sie tun?«

»Wir wissen es nicht. Ich hab gesagt, sie soll beten. Aber sie ist türkisch. Ist das für Gott egal?«

»Ja. Du bist spanisch und katholisch, sie ist türkisch und moslemisch, für Gott ist das egal. Beten ist gut – aber sie sollte außerdem auch etwas tun.«

»Kann Nurgöl mal zu Ihnen kommen – obwohl sie nicht in der Reli ist?«

»Ja. Bring sie mit, und wir überlegen dann …«

»Ich kenne noch ein Mädchen, die auch …«

»Maria, nur Nurgöl – nur ihr beiden. Sonst niemand mehr.«

Warum niemand mehr, frage ich mich, als ich aufgelegt habe. Meine Kraft reicht nicht für alle. Es gibt Beratungsstellen.

Aber da ist noch etwas anderes. Die Kinder kommen, weil sie wahrgenommen werden wollen, und weil sie – so unerwartet das klingen mag – hoffen, dass Gott ihre Not sieht und ihnen hilft. Und dafür soll ich ihnen Kanal und Garant sein. Und eben dies kann ich nicht. Immer wieder erleben sie bei mir: Du bist mir wichtig, ich weiß, dass du in der Tiefe deines Wesens gut bist, was immer du anstellst, ich nehme deine Angst, deine Wut, deine Trauer ernst – aber, ich kann dir nicht helfen. Helfen, im Sinne von abstellen, ändern, kann ich nicht. Und wenn sie oft voller Hoffnung und Angst fragen: Wenn ich bete, hilft mir Gott dann?, vermittle ich ihnen: Es ist gut zu beten, aber Gott hilft nicht.

Was für eine brutale Botschaft!

Mit mir müssen sie erlernen und erleiden, dass dieser Gott schlimme Zustände, Schmerzen und Angst nicht einfach aufhebt, aber darin bei uns bleibt.

»... und ob ich schon wanderte im finsteren Tal ... du bist bei mir.«

Das Tal wird nicht plötzlich hell, aber wir müssen nicht allein sein in der Finsternis.

Dann haben sie ihn verkauft

Ich fühle mich am Ende meiner Kraft und Phantasie. »Wenn ich nicht lerne, das gröbste Gassenwort mit der gleichen Seelenruhe zu hören wie »Gänseblümchen« werde ich niemals eine brauchbare Lehrerin.« So schrieb ich am Dienstagnachmittag erschöpft in mein Schul-Vorbereitungsheft.

Als ich das Klassenzimmer betrete, höre ich einen erbitterten Streit:

»Nutte«

»Puffgänger«

»Hure«

»Muschenschlecker«

»Olle Sau, leck selber«

Mit Nachdruck schließe ich die Tür und verkünde:

»Schluss mit dem Geschrei: wir wollen anfangen.«

Empört schreit Fabio:

»Aber Silvie ist eine dreckige Sau. Ich bin kein Muschenschlecker. Sagen Sie ihr, dass sie eine Sau ist.«

»Eine Sau ist sie nicht, aber dumm. Katzen leckt sowieso niemand.«

Erstaunte Stille. Elf Augenpaare schauen völlig verblüfft. Da ergreift der achtjähige Manfred die Initiative: Sie wissen wohl nicht, was ein Muschenschlecker ist? Soll ich's Ihnen sagen? Das ist ein Fotzenlecker.«

»Danke«, sage ich, und »jetzt stellen wir uns hin, zum Beten.«

Von guten Mächten wunderbar geborgen,
erwarte ich getrost, was kommen mag.
Gott ist mit uns am Abend und am Morgen
und ganz gewiss an jedem neuen Tag.

Fabio meldet sich: »Stimmt das auch? Dass Gott immer mit uns ist?«

»Ja, Fabio«, sage ich, »Immer«.

Mittwoch. Heute scheint es eine ordentliche Stunde zu werden, denke ich, bis plötzlich eines der kleinen Körbchen mit Getreidekörnern – das Getreide, das Joseph in Ägypten in den sieben Hungerjahren verteilt – durch die Klasse fliegt. Hunderte von Körnern einfach überall.

»Jetzt reicht's«, mit einem Satz bin ich bei Fabio und fange seine Faust auf, die jetzt im Begriff ist, einen von Josephs Brüdern aus grüner Knete zu zerquetschen. Um ein Haar hätte ich ihm eine gewischt. Statt dessen nehme ich ihn an beiden Schultern und drehe ihn unsanft zu mir um:

»Was ist eigentlich in dich gefahren?«

Trotzig, fast hasserfüllt, schaut er mich an. Einige Sekunden lang sind wir Feinde. »Gott ist mit uns am Abend und am Morgen« denke ich. Höre in mir Fabios Frage: »Stimmt das auch?«

»Ja«, hatte ich geantwortet. »Oh Gott«, denke ich, »dann sei auch jetzt hier. Ich bin kurz davor, ihn zu schlagen. Oder ich muss rauslaufen.«

Ich musste nicht rauslaufen und wir hatten ein friedliches Stundenende, mit vielen fetten und mageren Ton-Kühen, die Josephs Brüder zu hüten schienen.

Abends schaue ich die Hefte durch. Fabios Heft, das ganz erfreulich angefangen hatte zu Beginn des Schuljahres, ist seit Weihnachten immer dürftiger, wirrer geworden, die Schrift zerfahren, die Bilder schwarz, chaotisch. Was ist nur los mit ihm?

Und was ist los mit mir, dass ich so nah dran war, ihn zu schlagen? Seiner Gewalttätigkeit mit meiner Gewalttätigkeit begegnen. Ich bin traurig über ihn. Traurig über mich.

Am nächsten Tag fehlt Fabio. In der Woche darauf immer noch. Ich gehe zum Klassenlehrer. Ist Fabio krank?

»Nein. Fabio ist im Heim.«

»Im Heim? So plötzlich? Warum denn, er hat doch Eltern?«

»Jedenfalls ist er im Heim. Ersparen Sie sich Einzelheiten.«

Kinder kommen in die Klasse und wir brechen ab.

In der Tiefgarage treffe ich den Schulleiter.

»Können Sie mir sagen, was mit Fabio los ist?«

»Man hat ihn aufgegriffen.«

»Klaut er?«

»Ach, wenn's das wäre! Nein, auf dem Strich. Sein Vater hat ihn auf den Strich geschickt.«

Stimmt es, dass Gott immer mit uns ist, hat Fabio gefragt, und ich habe »Ja« gesagt. Ich habe »Ja« gesagt und habe ihn fast geschlagen, weil er ordinär und gewalttätig war. Ordinär und gewalttätig. Fabio – von seinem arbeitslosen Vater auf den Strich geschickt.

Sein Heft liegt immer noch auf meinem Schreibtisch. Der letzte Satz darin: »Joseph wurde verkauft. Das war sehr schlimm für ihn ...«

Da kommt ja unser Erzengel – verpiss dich!

Adventszeit. Ich habe Verkündigungsbilder mitgebracht, ein großes zum Aufhängen und etwa zwölf kleinere, ganz verschiedene. Verschieden, aber auch gleich: Der Engel, meist von links kommend, ganz ausgerichtet auf Maria, die auf vielen Darstellungen eher abgewandt, erschrocken, zumindest nachdenklich wirkt. Wir schauen die Bilder an.

»Warum freut die Maria sich nicht über die Nachricht vom Engel?«

»Was ist überhaupt ein Engel? Gibt's die?«

»Warum ist auf jedem Bild eine Lilie? Warum nicht eine Rose oder eine Sonnenblume?«

Wir suchen Antworten. Engel. Was sind Engel? Lichtwesen, Gottesboten, Helfer der Menschen. Was bedeutet das in unserem Leben? Und die Lilie – Zeichen von Reinheit, von Unschuld.

»Gerade der Engel Gabriel ist oft mit einer Lilie abgebildet«, sage ich.

»Was? Gabriel heißt der? Ausgerechnet Gabriel und Unschuld!« Daniel amüsiert sich köstlich.

»Was ist denn daran so komisch?« frage ich.

»Gabriel! Kennen sie denn nicht die Gabriela? Die lügt und stiehlt und schwänzt. Die und ein Engel der Unschuld!«

»Wo ist sie denn, die Gabriela?«

»Im Heim.«

Als es nach dem ersten Halbjahr hieß, Gabriela käme zurück in die Klasse, war ich nicht wenig gespannt.

Da sass sie nun. Die wilde Lockenfülle verdeckt fast ihr Gesicht, ein trotziger Mund, traurige Augen. Niemand will neben ihr sitzen, lieber quetschen sie sich zu dritt an einen Tisch zusammen. Für die nächste Stunde ist ein Gang ins Planetarium geplant.

»Verpiss dich«, schnauzt Gabriela Daniel an, der zufällig neben ihr geht.

»Blöde Nutte«, gibt er grob zurück.

»Fick deine Mutter.«

»Fick dich selber!«

Bevor ich einschreiten kann, hat Gabriela ihn gestaucht, und er ihr den Arm umgedreht, so dass sie auf dem Pflaster landet. – Im Planetarium setzt sie sich eine Reihe hinter die anderen, allein.

Seit Gabriela in der Klasse ist, hat sich der Umgangston in einer Weise vergröbert, dass ich ratlos bin.

Heute sind die Jungen länger im Sport. Ich bin mit sieben Mädchen allein. Wir schieben die Bänke zusammen, sitzen in der Runde. Neben Gabriela ist ein Platz frei. Die Runde sieht freundlich aus, aber mir ist nicht freundlich zumute: »Seit ein paar Wochen: fotzen, ficken, scheißen, treten und schlagen – so habe ich keine Lust mehr weiterzumachen!«

»Das kommt nur weil Gabriela immer ...«

»Halt's Maul du Arschloch ...«

»Da hängt er noch der heilige Engel Gabriel, ha ha.«

»Niemand tut so lügen und stehlen und ...«

Ein Stuhl fällt um, Gabriela stürzt zur Tür. Ich ihr nach. Auf dem Flur halte ich sie fest. Sie wehrt sich. Wir landen beide am Boden. Laut weinend, schluchzend redet sie vor sich hin, klagend, anklagend. Ich schicke die anderen zurück. Sie lässt es zu, dass ich sie halte. Nimmt mein Taschentuch.

»Komm. Wir schaffen's. Lasst uns einmal richtig alle miteinander reden.«

Sie steht auf, kommt mit zurück.

»Na, da kommt ja unser Erzengel wieder!«

Martina hat es gar nicht böse gemeint, aber es reicht für Gabriela, sich kreischend auf sie zu stürzen, an den Haaren zu zerren und aus der Klasse zu rennen. Laut heulend läuft sie durchs Treppenhaus zum Ausgang.

Jetzt ist bei mir etwas durchgebrannt.

»Seid ihr eigentlich alle total verrückt!?« Ich schreie sie an, schimpfe und tobe wie noch niemals zuvor. Ich setze mich. Sie sind stumm. Ich auch. Minutenlang.

»Was machen wir jetzt?« fragt Monika leise.

»Nichts.«

»Wir können doch nicht einfach nichts tun.«

»Doch.«

Ich gehe ans Fenster. Sie warten. Immer noch stumm. Nach einer Weile sage ich: »Ihr könnt tun, was ihr wollt. Ich unterrichte heute nicht.«

Schon am nächsten Tag ist wieder Religion. Die Jungen sind wieder dabei. Die Mädchen noch sehr gedämpft.

Gabriela fehlt.

»Sie waren aber schwer wütend gestern.«

»Ja. Und heute müssen wir nochmal darüber sprechen.«

Wir tun es. Schließlich meint Alexandra aus Griechenland:

»Vielleicht ist Gabriela weniger giftig, wenn wir mal mit ihr zusammen was machen. Und ich könnte nächste Woche neben ihr sitzen in Reli.«

Wie ein Aufatmen geht es durch die Klasse.

Und das Wunder geschieht: Seit Alexandra neben ihr sitzt, hat sich die Giftigkeit um Gabriela herum verflüchtigt. Auch die Klassenlehrerin merkt es. Dass es so etwas gibt – beinah Frieden. Zwei, drei Wochen lang.

Heftiges Klopfen an der Tür. Herein stürmt ein gedrungener Mann mit hochrotem Kopf und dichtem krausen Haar.

»Entschuldigung. Ich muss nur eins wissen. Wer sind die Mädchen, die gestern mit meiner Tochter Eis essen waren?«

Keuchend vor Groll schaut er sich um.

Gabriela hat sich geduckt, gleicht einer verängstigten kleinen Raubkatze.

»Wir sind mitten im Unterricht. Vielleicht können Sie nach der Stunde ...«

»Ich muss es jetzt klären«, unterbricht er mich barsch. »Wer war gestern mit Gabriela Eis essen?«

Alexandra meldet sich und nach einigem Zögern auch Monika.

»So, Ihr wart in der Eisdiele. Und wer hat bezahlt?«

»Gabriela hat uns eingeladen.«

»So. Eingeladen! Hat sie? Gestohlen hat sie das Geld, von ihrer

Mutter. Eingeladen von einer Diebin! Na warte, wenn du nach Hause kommst!«

Schnaubend verlässt er das Klassenzimmer.

»Gabriela hat uns in der letzten Zeit öfter mal Süßigkeiten geschenkt oder ein Eis gekauft. Ich dachte es ist ihr Taschengeld«, erklärt Moni.

Die Stunde ist zu Ende, die Schule auch. Gabriela drückt sich noch herum. Sie hat Angst, nach Hause zu gehen.

»Soll ich mitkommen?«

»Nee – lieber nicht.«

»Hast du schon öfter Geld geklaut?«

Sie nickt.

»Aber nicht so viel. Ich krieg kein Taschengeld, weil ich nichts brauch', sagen die Eltern.«

Ratlos packe ich meine Tasche. Als ich aus dem Lehrerzimmer komme, steht sie immer noch da.

»Ich hab eine Idee. Ich gebe dir jeden Dienstag zehn Mark. Und du hörst auf zu klauen. Wie ein Vertrag. Bis zu den Sommerferien. Wollen wir es versuchen?«

Achselzucken.

»Willst du noch darüber nachdenken?«

»Ich will's versuchen.«

Wir geben uns die Hand. Die Andeutung eines Lächelns huscht über ihr Gesicht.

Mein Gesicht hingegen mag relativ finster ausgesehen haben, als ich nach Hause fuhr. Seit wann macht man mit Geld gute Pädagogik? Doch, was ist »gute Pädagogik«, angesichts von brutaler elterlicher Gewalt? Aber hätte mir nicht was anderes einfallen können? Ist es denn nicht ein Segen, dass Alexandra und ein paar andere sie nicht mehr ausschließen? Und ist es nicht verständlich, dass Gabriela ihnen auch etwas schenken möchte, Bonbons, Eis? Sieht es nicht aus, als sei es gelungen, diesen Teufelskreis aus Ablehnung und Hass zu durchbrechen?

Der Erfolg gibt mir recht. Die Klassengemeinschaft ist unkompliziert wie lange nicht, der Fluch- und Aggressionspegel niedrig, keine Klagen über gestohlenes Geld oder Stifte. Bis – ja, bis eines nachmittags das Telefon bei mir klingelt: Gabrielas Vater. Er habe Geld in der Tasche seiner Tochter gefunden »... und jetzt behauptet das durchtriebene Ding, Sie hätten es ihr geschenkt.«

»Das stimmt.«

»Wie kommen Sie dazu! Meine Tochter hat alles was sie braucht. Sie bekommt zu essen, hat anständige Kleider. Ihr fehlt überhaupt nichts. Sie braucht kein eigenes Geld.«

Ich gebe zu, dass das mit den zehn Mark eine ungewöhnliche Maßnahme ist, die ich besser mit ihm hätte absprechen sollen.

»Ich hätte niemals eingewilligt.«

Im Hintergrund höre ich dumpfes Klopfen und lautes Weinen.

»Weint da jemand bei Ihnen?«

»Ja. Sie können es ruhig hören. Ich habe Gabriela im Badezimmer eingesperrt. Nachdem ich sie bestraft habe …«

»Sie schlagen Gabriela?«

»Allerdings! Das ist mein gutes Recht. Schließlich bin ich verantwortlich. Mir haben die Schläge als Kind auch nichts geschadet. Und ich habe reichlich bekommen.«

»Gabriela ist ein Mädchen und schon dreizehn.«

»Glauben sie, ich will eine Schlampe großziehen? Egal wie alt, so lange sie nicht pariert, setzt's was. Übrigens habe ich ihr auch verboten mit der Gruppe auf die Jugendfarm zu gehen.«

»Aber ich gehe doch mit!«

»Grade, darum hat sie sich gefreut. Und mit diesen Freuden ist es jetzt aus. In Zukunft ist sie fünfzehn Minuten nach Schulschluss zu Hause. Sonst erlebt sie was. Ich hab jede Menge Zeit, das zu kontrollieren.«

»Sie sind arbeitslos?«

»Nur vorübergehend. Meine Frau arbeitet.«

»Darf ich mal mit Gabriela sprechen?«

Erstaunlicherweise stimmt er zu. Schließt das Bad auf. Laut schluchzend hält sie den Hörer: »Ich darf nicht … ich darf nicht … er hat mich …«

»Ist dein Vater im Zimmer?«

Als Antwort weint sie laut ins Telefon, versucht gar nicht mehr zu sprechen. Nie habe ich mich hilfloser gefühlt. Ich kann sie nicht berühren, sie nichts fragen. Sage immer nur: »Hörst du mich. Ich bin da. Wir sehen uns morgen. Hörst du mich? …«

Irgendwann legt sie auf.

Blass ist sie am nächsten Tag.

»War's noch schlimm gestern?«, frage ich.

Sie schüttelt den Kopf: »Er hat mir nichts mehr getan.«

»Schlägt er dich, oder macht er auch noch anderes?«
»Warum fragen Sie das?«
»Weil ich's mir überlegt hab.«
»Im Heim wollten sie das auch immer wissen. Es geht schließlich niemanden etwas an! Es ist unsere Familie. Und niemand hat ein Recht ...«
Ich bin völlig platt über den defensiven Ton. Muss sie ihren Vater verteidigen? Auf dem Flur kommt sie mir nach: »Aber mit niemanden darüber sprechen. Ich habe Ihnen nichts gesagt. Stimmt's?!«
»Du hast nichts gesagt. Kein Wort.«
»Kein Wort hab ich gesagt. Sie können's beschwören. Mein Vater bringt mich sonst um ...«
Sie wird zum Unterricht gerufen, geht zurück.
Ich gehe nochmals ins Religionszimmer. Immer noch hängt an der Wand das Bild: Gabriel mit der Lilie, Himmelsbote, Lichwesen.
Ist nicht jedes Kind ein solcher Himmelsbote?
Wieviel Schläge braucht ein Kind, um es gewalttätig zu machen, wieviel Missbrauch, um seine Liebesfähigkeit zu zerstören, wieviel Unwahrhaftigkeit bis es selbst verlogen ist?
Ich nehme den Engel von der Wand. Was soll er da?
»Sie haben das Bild abgenommen!« Gabriela ist die einzige, die es in der Woche darauf bemerkt.
Im neuen Schuljahr ist sie nicht mehr in der Klasse. Wo ist denn Gabriela? Im Heim.
Nichts habe ich in ihrem Leben, in ihrer Familie verändern, verbessern, helfen können. Gar nichts.
Und doch – Es gibt einen Engel, dessen Namen sie trägt. Und sie weiß es.

Wenn ich von meinem Bruder schwanger werde, dann schlägt sie mich tot

Das Telefon läutet. Ich nehme ab.
Schluchzen, undeutlich mein Name. Wieder Schluchzen.
»Wer ist denn da? Martina, bist du's? Was ist? Ich versteh dich nicht. Was sagst du? Ja, du hast heute gefehlt. Bist du krank? Deine Ohren – was ist mit deinen Ohren?«

Sie beruhigt sich etwas. Ich kann sie jetzt besser verstehen.

»Die Ohren tun so weh, der Kopf, die eine Seite, wo die meisten Schläge – aber ich ruf an, weil – ich hab so Angst.«

»Vor wem hast du Angst?«

»Vor … Ich weiß nicht. Vor – vor allem.«

»Hat dein Papa dich geschlagen?«

»Nein, die Mama. Sie ist meine Stiefmutter. Erst seit einem Monat. Zuerst war sie immer lieb. Und gestern hat sie mich mit dem Stiefel geschlagen. So lang. Ich denk, ich geh tot.«

»Und was war denn passiert?«

»Weil, mein Vater hat ihren Sohn geschlagen – mit dem Kochlöffel, dass er an der Stirn geblutet hat.«

»Und dafür hat sie dich verprügelt?«

»Ja, weil – ich bin schuld.«

»Du bist schuld?«

»Ja. Weil ihr Sohn, der soll doch jetzt mein Bruder sein. Aber der will immer mit mir schlafen.«

Sie bricht in haltloses Weinen aus. Schluchzt, schnieft, putzt die Nase, schluchzt weiter.

Plötzlich: »Das ist nämlich so. Mein Stiefbruder ist von der Lehre rausgeflogen, und jetzt langweilt er sich, und immer wenn ich nach Hause komme …«

Sie fängt wieder an zu weinen.

»Wenn du nach Hause kommst – was ist dann?«

»Gestern hat er ein Mittagessen für mich gekocht, und als ich noch beim Essen war, fing er schon an. Und es ist ihm scheißegal, ob ich nicht will, weil er ja nicht mein richtiger Bruder ist, sagt er, und er sagt auch, ich bin alt genug.«

»Wie alt bist du denn, Martina?«

»Ich bin fünfzehn, und er ist schon siebzehn. Und er ist viel stärker. Und wir haben uns geschlagen. Ich hab ihm in die Eier getreten. Ich wollte nicht, aber dann hat er mich losgelassen. Dann bin ich in mein Zimmer und hab abgeschlossen. Aber dann, aber dann … dann ist er durchs Bad gekommen und hat mich gewürgt und dann … dann … alle Kleider zerrissen …«

Sie weint jetzt leise vor sich hin. Ich bin ratlos. Außerdem muss ich in zehn Minuten aus dem Haus, zum Zug. Was nur kann ich tun, mit diesem verzweifelten Mädchen?

»Ach Gott, dass du den Himmel zerrissest und kämest herab!« Steht das bei Jesaja? Wo immer es steht: Zerreiße den Himmel.

Komm, du Gott. Wie soll, wie kann ich in dieses Elend hinein Religion unterrichten? Ich fühle mich schuldig, meiner Ohnmacht schuldig. Diesen ohnmächtigen Gott – sollten wir ihn nicht verschweigen? Wir mögen zu Gott beten, meditieren, schweigen – aber reden? Gibt es Worte, die aus seiner Wirklichkeit in dieses Erdenelend hineinreichen? Sprechen? Ich weiß nicht, was. Hören allenfalls. Hören als Form der Verkündigung? Auch wenn ich ohnmächtig bin, dir nicht helfen kann, lass ich dich nicht allein.

»Sind Sie noch da?«

»Ja, Martina, ich bin noch da.«

Sie putzt sich die Nase.

»Und dann, als mein Vater von der Arbeit kam, hab ich's ihm gesagt, und der ist so wütend geworden, der hat den Kochlöffel geschnappt und ist gleich zu meinem Stiefbruder rüber und hat ihn verprügelt. Aber wie! Und dann kam die Stiefmutter, die hat gar nicht gefragt, was los ist, die hat an der Haustür ihren Stiefel ausgezogen und geschrien, er soll ihren Sohn loslassen und hat sich auf mich gestürzt. Gleich an den Kopf mit dem Stiefel – es hat gleich geblutet. Aber sie hat nicht aufgehört. Und ich seh ganz schrecklich aus. Darum bin ich nicht zur Schule gekommen. – Haben wir morgen Religion?«

»Ja, morgen ist Religion.«

»Gut. Dann komm ich!«

»Dann sehen wir morgen weiter.«

In der nächsten Woche zieht Martina wieder zu ihrer leiblichen Mutter zurück.

»Die schlägt mich auch, aber nicht so stark. Immer wenn sie wütend ist, dass mein Vater abgehauen ist, trinkt sie Bier, und dann krieg ich öfter was ab. Aber manchmal ist sie auch ganz lieb. Nur wenn ich von meinem Bruder schwanger werde, schmeißt sie mich raus, für immer, hat sie gesagt. Dann bringe ich mich um.«

»Da kommst du aber vorher zu mir.«

»Kann ich dann bei Ihnen wohnen?«

»Nein. Wohnen nicht – aber sprechen können wir und einen Plan machen.«

»Was für einen Plan?«

»Das überlegen wir dann.«

Martina wurde nicht schwanger.

Reflexionen

Jemand sagt: Ich begreife es nicht, wie man jahrelang mit diesen misshandelten und missbrauchten Kindern zusammen sein kann, ohne abzustumpfen oder selber kaputtzugehen – begreifen kann ich es auch nicht, aber ich kann mich erinnern:

Der Spaziergang mit Alexa. »Ist es nicht schön?«, frage ich und deute in die Höhe und in die Weite. »Ja«, sagt sie und lässt den Kopf gesenkt, »sehen Sie mal, das Gänseblümchen im Matsch.« – Blühen aus zertretener Erde.

Kinder, die geprügelt, gedemütigt und sexuell missbraucht werden, sind »Zertretene«. Sie erfahren Gewalt in der Alltäglichkeit von Strafmaßnahmen und oft in der »Allnächtlichkeit« sexueller Übergriffe. Dass es meist die nächsten Bezugspersonen sind, macht sie wehrlos, und dass Vertrauen zu Angst werden muss, verwundet sie in ihrem Menschsein. Ausgeliefert an die Eltern, scheinen sie oft weniger schützenswert als Tiere.

Ausgesetzt sein – Gegenpol von Geborgenheit. Diese Erfahrung des Preisgegebenseins führt zu einem Grundgefühl unspezifischer Angst und latenter Bedrohung. Und da wundern wir uns über die ständige Aggressionsbereitschaft mancher Kinder?

Andere sind in dunkle Lebensmüdigkeit wie in einen grauen Mantel gehüllt. Nichts interessiert sie, nichts freut sie. Rühr mich nicht an, ist die einzige Botschaft, die ich an der Mauer ihres Schweigens lese.

Die Verpflichtung, die elterlichen Übergriffe geheimzuhalten, kommt ihrer Einwilligung in fortgesetzte Demütigungen gleich. Der Loyalitätskonflikt zwischen Liebe und Verrat, die Angst vor dem Verlust der Familie als einzig vertrautem Ort, macht sie oft zu Gefangenen der Hölle.

Nachdem die elfjährige Laura, die früher fröhlich und lebhaft am Unterricht teilgenommen hatte, nur noch apathisch vor sich hinstarrte und auch zunehmend schmuddeliger wurde, so dass niemand mehr neben ihr sitzen wollte, sprach ich sie eines Tages direkt an. »Das ist schließlich meine Familie, oder?«, war die aggressive Reaktion. »Ja, aber es ist mein Religionsunterricht, und du stinkst immer mehr«, gab ich genauso schroff zurück. Da fing sie an zu weinen. Nein, sie könne mit mir nicht darüber sprechen. Ja, vielleicht mit Anna, der Freundin. Schon in der nächsten Stunde kam Anna, sie wollten mit mir sprechen. Die anderen Mädchen sollten dabeisein, aber die Jungen nicht. Zu siebt saßen wir um einen großen Tisch. Und das ist, was herauskam: Seit den Sommerferien hat sich der Vater nachts zu ihr geschlichen. Sie hatte Angst und es tat weh. Sie durfte es der Mutter nicht sagen. Die jüngere Schwester ist einmal aufgewacht. Die hat es gesagt. Da hat die Mutter

Laura verprügelt, im Zimmer herumgeworfen und »Hure« geschrien. Seither muss sie immer ohne Abendbrot und ohne Waschen ins Bett und kriegt keine frischen Kleider mehr. »Ich glaube, sie will, dass ich stinke und verhungere«, sagt Laura tonlos. – Nachdem sie noch mehrmals halb totgeprügelt wurde, ist Laura inzwischen in einem Heim, außerhalb. Wir telefonieren manchmal. Auf meine Frage, wie es ihr gehe, sagt sie: »Ach, naja, eigentlich ganz gut.« – »Eigentlich?« – Stockend kommt es: »Ich, ich hab halt Heimweh. Aber da kann man wohl nichts machen.«

Nein, da kann man nichts machen. Das Heimweh dieser Kinder nach einem Ort, wo sie Vertrauen und Geborgenheit erleben, wird immer ungestillt bleiben.

Und der Religionsunterricht? Ein Kollege ist wütend: »Willst du das vielleicht wegbeten? Glaubst du, alles Segnen hilft? Seelenmord – Totalangriff auf das Menschsein – hat das noch etwas mit Gott zu tun?«

Nein. Hat es nicht. Aber mit seiner Kreuzigung.

Rudi Dutschke hat es so ausgedrückt: »Überall in der Welt, wo ein menschliches Gesicht geschlagen wird, ist es ein Schlag in mein eigenes Gesicht.«

Überall in der Welt, wo ein Kind gedemütigt und geschändet wird, wird es in seinem Menschsein, wird das Göttliche in ihm gekreuzigt. Und daran kann ich nichts ändern. Ich kann nur auf die Auferstehungserfahrungen im Leben hinschauen. Neben die kranke Liebe immer wieder die heilende Liebe setzen: Ich nehme dich wahr in deinem Verletztsein, in deinem Menschsein, in deiner Einmaligkeit, und ich mag dich.

Und dann sind es immer wieder diese Kinder selbst, die mir zeigen: Auch aus der zertretenen Erde wächst manchmal ein helles Gänseblümchen. So wenig und so viel.

Ich hab doch Angst

Aufschlitzen – das bringt Spaß

Wieder steht er vor mir, Igor, dieser Koloss von einem Jungen. Beide Hände in den Taschen.

»Religion ist Scheiße, kann ich nun mal nicht leiden.«

»Das weiß ich. Und ich kann nun mal deine Hände in den Taschen nicht leiden.«

Ich bin mir klar, damit einem altmodischen Höflichkeitsideal zu huldigen, aber schließlich sagt Igor mir ja auch, was er nicht leiden kann.

Das war ein beinah feststehendes Ritual seit Beginn des Schuljahres. Igor ist so dick, dass er nicht in normale Hosen hineinpasst und immer eine Art ausgeleierter Trainingshose trägt. Obwohl er nicht dumm ist, wird er von den Mitschülern gemieden. Ist es nur sein schwammiger Körper oder sein Ergötzen an kleinen sadistischen Quälereien?

Wieder die Hände in den Taschen! Mir wird's zu dumm, und ich nehme sie ihm heraus. Dabei muss ich meine Arme weit ausbreiten, denn er ist wirklich ungewöhnlich dick. Ich bin verdutzt. Kein wütender Protest? Statt dessen ein fast erfreutes Lächeln in seinem Gesicht.

Seit diesem Tag ein neues Ritual. Statt seiner Meinungsäußerung zur Religion ein fast wohlwollendes »guten Morgen«, dabei breitbeinig vor mir stehend, beide Hände in den Taschen.

»Guten Morgen, Igor. Nimm die Hände raus«, antworte ich ebenso wohlwollend und nehme sie ihm selber raus.

Mehrere Wochen, zu Beginn jeder Stunde. Es tut ihm offenbar gut, berührt zu werden, nicht nur im Schlagen und Rempeln, sondern mit wohlwollenden Zuwendungen.

Letzte Woche musste er zum Schulleiter.

»Nun, was gab's?«, wollten die Klassenkameraden wissen.

»Och, nichts Besonderes. Ein paar alte Weiber haben mich verpetzt.«

»Was gab's denn zu petzen?«, frage nun auch ich.

»Nichts Schlimmes. Da sind zwei Omas rumgehumpelt. Ich wollte nur ausprobieren, ob die noch rennen können. Mit 'nem Wasserschlauch. Wie die Angst hatten! Affengeil sah das aus – wie die gehüpft sind. Und die Klamotten klitschenass ...«

»Und das findest du gut?«

»Warum nicht? Bringt doch Spaß.«

»Du bist ein fieses Ekel. Ein ganz fieses Ekel bis du!«

Gerda ist noch nicht lange an dieser Schule und tut sich mit den groben Sitten schwer.

»Hat es dir vielleicht auch Spaß gemacht, wie der Kleine geschrien hat, als du seinen Teddy zerschnitten hast?«

»Klar. Darum hab ich's doch getan.«

»Was hast du getan, Igor?«

»Ach, auf dem Spielplatz, da war ein Junge mit 'nem Teddy. Uraltmodell. Echt, total vergammeltes Ding. Den hab ich ihm weggenommen und aufgeschlitzt.«

»Aufgeschlitzt?«

»Mit dem Messer. Das ganze Wollzeug kam raus, und der Kleine hat gebrüllt, als würde ich ihn aufschlitzen.«

»Und das bringt dir Spaß?«

Igor hat den Kopf eingezogen zwischen den massigen Schultern. Seine Augen sind jetzt klein und böse, aber um seinen Mund huscht ein genüssliches Lächeln.

Am nächsten Morgen steht er wieder vor mir. Hände in den Taschen. Da packt mich der Widerwillen.

»Du kannst deine Hände in den Taschen lassen. Es ist mir völlig egal. Wenn du sie dauernd zum Quälen brauchst ...«

»Tu ich gar nicht dauernd, ich ...«

»Es ist mir egal. Setz dich hin.«

Schwer lässt er sich auf seinen Stuhl fallen. Er sitzt immer allein an einem Tisch, weil neben ihm nicht mehr viel Platz übrig ist. In dieser Stunde macht er nicht mit. Brütet finster vor sich hin.

Vor den Sommerferien. Ein Ausflug wird geplant. Würste grillen.

»Ach was, die Würste können wir uns sparen.«

»Nur weil du kein Fleisch magst, Igor«, protestiert Sven.

»Du magst kein Fleisch?«, wundere ich mich, denn Igors Körper lässt keinerlei Askese vermuten.

»Nee. Mir wird schlecht davon.«

»Schon immer?« Es interessiert mich wirklich, wo dieser vegetarische Zug herkommt.

»Na ja, als ich klein war, in Polen, da hab ich noch Fleisch gegessen. Bis das mit meinem Hasen …, bis mein Vater …«

Igor bricht ab. Schaut sich um, fast ängstlich.

»Was war das mit deinem Hasen?«

»Verdammte Scheiße!« Er schreit es beinah.

»Es war mein Hase! Mein Onkel hat ihn mir geschenkt! Er hatte sogar einen Namen! Und dann hat ihn mein Vater … Dieser gemeine Hund! Der hat ihn massakriert. Das Fell über die Ohren und fertig.«

Er schweigt. Ist zusammengesunken. Sitzt jetzt da, wie ein kleiner Junge. Sehr klein und sehr hilflos.

»Und du hast es gesehen?«

Er nickt.

»Und dann sollte ich noch davon essen. Weil ich nicht wollte, hat er mich verprügelt. Dann hat er mich gezwungen. Und dann hab ich gekotzt. Dann hat er mich erst recht verprügelt und eingesperrt. In den Schuppen. Ein Tag nichts zu essen. Der gemeine Hund.«

»Und seither isst du kein Fleisch?«

»Was?«

Er ist völlig abwesend.

»Ach so, die Grillwürste für den Ausflug. Mir doch egal.«

Zu Hause blättere ich die Hefte der 7a durch. Igor hat sein Heft im Januar begonnen. Es ist besonders vollständig. Er strengt sich zwischendurch sehr an und schreibt dann mit seiner eigentümlichen Schnörkelschrift ganze Seiten voll. Ich lese die erste Seite.

»Wenn ich an die Zukunft denke: Dann denke ich am liebsten gar nicht. Ich kann sie mir nicht vorstellen. Wenn sie jetzt anfängt, finde ich sie zum Kotzen. So wie die Vergangenheit.«

Ich will mit einem Kollegen über Igor sprechen. Ein Kind hat einen Hasen und der wird geschlachtet, das ist doch nichts Besonderes, das geschieht doch tausendfach, meint er abwiegelnd.

Der Kollege hat wohl recht. Tausendfach missachtete Liebe eines Kindes, tausendfach missachtete Trauer eines Kindes, das gibt ein Heer von Kindern, die sich mit einem Panzer aus skrupelloser Aggressivität vor einer Zukunft schützen, die sie jetzt schon zum Kotzen finden.

Eine Zukunft zum Kotzen. Das hat Igor im Januar geschrieben. Jetzt ist es Juli.

Ich begegne ihm nachmittags an der Haltestelle.

»Hast du etwas vor in den Ferien?«

»Nee. Tote Hose. Und meine Jugendgruppe ist auch noch weg. Drei Wochen Jugendlager an der Nordsee.«

»Und warum gehst du nicht mit?«

Er zuckt die Achseln.

»Knete. Wo sollen meine Eltern denn das hernehmen?«

Ich telefoniere mit dem Pfarrer. Könnte die Gemeinde vielleicht die Hälfte der Kosten übernehmen? Wir überlegen gemeinsam.

Letzer Schultag. Ich verabschiede mich von jedem Schüler einzeln, weil ich nicht weiß, ob ich sie im nächsten Schuljahr wieder haben werde. Igors große, weiche etwas feuchte Hand …

»Übrigens, ich geh jetzt doch mit ins Jugendlager. Irgend ein Schwachkopf hat die Knete für mich hingeblättert.«

Die Worte mögen abfällig klingen, aber der ganze Kerl strahlt.

Nach den Ferien begegne ich dem Jugendleiter.

»Wie ging's mit Igor?«

»Sie, der hat uns total überrascht. Besonders mit den Kleineren hat er gut können. Na ja, ein Engel ist er nicht – aber man kann ihn brauchen. – Und noch was, auch beim kältesten Wetter ist der ins Wasser. Na ja, hat sich ja auch eine gute Isolierschicht zugelegt.«

Genauso ist es: Ein fetter Körper, Schutz und Gefängnis zugleich für seine verwundete Seele.

Das Chaos und der Segen

Gespannt hören sie zu. Wie geht dieser Kampf mit den Amalekitern in der Wüste wohl aus? Gewinnen sie oder die Leute von Moses?

Da kriegt José wieder einen seiner Rappel.

Ein Stift ist heruntergefallen, er kriecht ihm nach, zwischen den Stühlen durch, zwickt Claudia ins Bein, kippt einen Schulranzen aus, wirft die Hefte in die Luft. Hören kann er in dieser Verfassung nicht. So angele ich ihn mir, halte ihn ganz fest.

»Weitererzählen!« bitten die anderen.

Ich halte José und erzähle weiter, wie Moses den Berg hinaufgeht – in der Hitze und dem Staub – seine Arme zu Gott hebt und ihn ...

»Der José schneidet die ganze Zeit Fratzen!«

Ein, zwei Minuten hatte er es genossen, gehalten zu werden, sich angelehnt; aber jetzt will er wieder frei sein, wargelt und zappelt, um los zu kommen.

Mit Wachskreiden und Malblock setze ich ihn an einen Tisch hinten im Raum, erzähle weiter: »Als Moses seine Arme nicht mehr in die Höhe halten konnte, sah er ...«

»José schmeißt mit Kreiden!«

Jetzt reicht es. Ich schicke ihn vor die Tür. Er will nicht. Ich bringe ihn hinaus, er krallt sich an mir fest, lässt sich nicht abschütteln, tritt gegen die Tür, rappelt mit der Klinke, wirft den Papierkorb um. Ich bin am Ende meiner Kraft und meiner Geduld.

»Zum Kuckuck, was willst du eigentlich, José?«

»Spielen«, kommt es schlicht, mit ernstem Augenaufschlag.

José ist einer von vier Geschwistern und wohnt mit seinen Eltern in zweieinhalb Zimmern an einer verkehrsreichen Durchgangsstraße. Sie haben keinen Garten, keinen Balkon und keinen Flur zum Spielen, aber sie haben einen Fernseher und ein Videogerät. Am Wochenanfang sind Josés Anfälle besonders heftig.

Spielen also. Rasch verteile ich sieben oder acht Bücher auf dem Boden in der Ecke, verbinde sie mit weißen Kreidestrichen, gebe ihm eine leere Reißzweckenschachtel: »Hier hast du ein Auto, das sind die Häuser von deinen Freunden. Auf den weißen Straßen kannst du sie besuchen fahren.«

»Aber jetzt erzählen Sie endlich weiter!«

Mit ganz erstaunlicher Geduld haben die anderen Kinder Josés Sonderbehandlung zugeschaut. Diesmal scheint es gelungen. Leise brummend, ab und zu hupend, fährt José mit seinem Reißzweckenauto durch die Kreidestraßen. Dann wird es lauter. Er fängt an zu singen, immer lauter:

»Hosenscheißer, Mädchenaufreißer,
fotzen, ficken,
mit den Dicken.«

»Hör auf mit dem Sing-Sang. Das stört uns.«
»Hören Sie, was der singt?« fragt Erich.
»Das singt er schon die ganze Woche.«
»Schluß jetzt, José!«
Er schaut erstaunt auf. Todernst, denke ich. Dann verzerren sich seine Züge zu einem albernen Grinsen, er wackelt mit dem Kopf, stößt die Bücher weg, kreiselt auf dem Po herum und tritt gegen alles, was in seine Reichweite kommt. Jetzt reicht es auch den andern. Sie treten zurück. Mit einem Satz bin ich neben José am Boden, versuche den heftig um sich Schlagenden zu halten.
»Es ist genug. Wenn du dich nicht wie ein Schulkind benehmen kannst ...« Ich schüttel ihn, weiß nicht weiter.
Es klingelt. Die andern stehen auf. »Ihr könnt gehen.«
»Kein Segen?«
»Nein. jetzt nicht. Ich kann nicht.«
»Sie haben aber gesagt, beten kann man immer, sogar beim Auto fahren«, erinnert Annette.
»Trotzdem, ich kann jetzt nicht. – Ich sag den Segen heute abend für euch.«
»Für mich auch?«
»Ja.«
»Für mich auch?«
»Für dich auch.«
»Und für mich?«
»Ja. Ich denke an jeden Einzelnen von euch.«
Sie gehen. Ich sitze mit José in der Verwüstung am Boden. Ein Chaos.
»Ich will auch in die Pause.«
Er strabelt und strampelt, um loszukommen.
»Ich weiß, aber erst müssen wir hier aufräumen.«
»Okay.«
Ich lasse ihn los. Er hebt zwei Bücher auf und – wutsch ist er zur Tür hinaus.
»Fangen Sie mich doch !« schreit er zurück.
Nein, das tue ich nicht. Das war jetzt genug. Moses hat dank seiner Freunde doch noch die Niederlage gegen die wilden Amalekiter abwehren können. Meine Niederlage gegen den wilden José ist perfekt.
Erschöpft und traurig räume ich die Bücher und Kreiden weg, auch die Stühle muss ich heute allein hochstellen.

Schulschluss. Ich strebe dem Parkhaus zu. Da kommt José hinter mir hergerannt: »Warten Sie doch!«

Ich warte.

»Tun Sie's für mich auch?«

»Was soll ich tun?«

»Sie wissen schon – heute abend.«

»Den Segen? Für dich soll ich auch den Segen sagen?«

Er nickt heftig, dreht sich um und läuft johlend zu den anderen zurück.

Einige Wochen später erzählt er uns, dass seine Familie in ihre Heimat, nach Spanien, zurückkehrt. Er freut sich nicht, ist still und bedrückt.

Wir üben den Psalm 23. José, trotz seiner Rappel, hatte ihn als erster auswendig gekonnt.

»Willst du ihn noch mal sagen?«

José will: »Der Herr ist mein Hirte,
mir wird nichts mangeln,
er weidet mich auf einer grünen Aue,
und führet mich zum frischen Wasser.
Er erquicket meine Seele
und führet mich auf rechter Straße ...«

»Wenn du in deinem Land bist, und wir sprechen diesen Psalm, dann können wir ganz fest an dich denken.«

»Tut ihr das dann auch wirklich?«

»Ja. Das tun wir dann wirklich.«

Das war vor eineinhalb Jahren. Aus der dritten ist eine fünfte Klasse geworden und aus dem 23. Psalm, der »José-Psalm«. Immer wieder schlägt eines der Kinder vor, den »José-Psalm« zu sprechen. Neue Schüler wundern sich. Dann erzählen wir ihnen von José, wie schlimm er war, was er alles angestellt hat – und es klingt meist sehr liebevoll.

Neulich musste Petra ins Krankenhaus. Sie hat Angst.

»Sagt ihr für mich auch einen Psalm?«

»Sollen wir miteinander überlegen, welchen?«

Neben dem 23. können wir inzwischen den 139. und den 91. Psalm auswendig.

»Gott beschirmt dich mit seinen Flügeln,
unter seinen Schwingen findest du Zuflucht, ...
dir begegnet kein Unheil

kein Unglück naht deinem Zelt.
Denn Gott hat seinen Engeln befohlen,
dass sie dich behüten auf allen deinen Wegen.«

Ja, den 91. Psalm sollen wir für Petra sprechen, solange sie im Krankenhaus ist.

Ich denke an die völlig daneben gegangene Stunde vor eineinhalb Jahren, an meine pädagogische und menschliche Niederlage, am Boden sitzend im Chaos, nicht mehr fähig und bereit, den Schlusssegen zu sprechen.

Ohne diese Niederlage hätten sechzehn Kinder nicht von der Möglichkeit und der Kraft der Fürbitte erfahren. José, der Unbändige, José, der Schlimme, ihm danken wir es.

Ich hab gebetet – und ich bin trotzdem ein Versager

Dieser Mike! Schon sechzehn ist er, baumlang und schlaksig. Sein Zwillingsbruder ist auf dem Gymnasium, zwei Klassen über ihm.

Zwei Gesichter hat er, dieser schwierige Junge. Entweder er brütet düster vor sich hin, oder er blödelt gereizt und giftig und geht damit nicht nur mir, sondern auch seinen Klassenkameraden auf die Nerven. Heute sprechen wir über Martin Luther King, den Busstreik in Montgomery. Die Schüler sind bei der Sache.

»Wer ist eigentlich dieser Buddha? Warum erzählen Sie uns nie von dem?« platzt Mike plötzlich heraus.

»Buddha? Wie kommst du denn jetzt darauf? Interessierst du dich für Buddhismus?«

»Weiß ich doch nicht! Aber das mit dem Christen-Gott ist doch alles Käse. Bringt doch nichts. Meine Oma hat immer mit uns gebetet. Na und!? Ich bin trotzdem ein Versager. Dummenschule. Kann ich mich gleich vor den Zug legen. Sowieso keine Zukunft.«

»Jetzt fang nicht schon wieder damit an!« wehrt die lebenslustige Liesl ab. »Immer dieser Quatsch, mit Selbstmord und so.«

»Schließlich bist du nicht allein auf dieser Schule. Wir leisten dir immerhin Gesellschaft«, tröstet Toni.

»Und jetzt möchtest du etwas über den Buddhismus wissen?« unterbreche ich.

»Buddhismus – oder wie das heißt, ist mir egal. Aber der Buddha – wer ist das eigentlich?«

»Also, ich schlage vor: Wir sprechen heute fertig über Martin Luther King …«

»Gar nichts fertig machen. Jetzt gleich über Buddha sprechen!«

»Ist es so wichtig?«

»Verdammt wichtig.«

Ich frage nicht warum und beginne zu erzählen, einfach was ich weiß; von der behüteten Kindheit des jungen Prinzen in Reichtum und Schönheit, abgeschirmt von allem Leid, den heimlichen Ausfahrten und seinen ersten Begegnungen mit alten Menschen, mit Kranken, mit Sterbenden.

Mike hört nach vorne gelehnt mit buchstäblich offenem Mund zu.

»Warum, warum hat er denn den Palast verlassen? Das war doch einfach doof.«

Ich versuche eine Antwort: »Er wollte das Leiden, dieses schlimme Leiden der Menschen und ihre Angst verstehen.«

»Und? Hat er's rausgekriegt? – Haltet doch endlich die Fresse!« schnauzt er seine Nebensitzer an, die miteinander tuscheln.

Wieder einmal unterrichte ich nur für einen Schüler.

Glück, Reichtum, Erfolg, Macht – Mike nickt: Ja, das ist es, was wir uns wünschen.

»Und der Buddha hat erkannt, dass darin, in diesem gierigen Streben, auch der Grund von unserer Angst liegt, dass der Hunger nach diesem Leben die Ursache von Schmerz und Leid ist … so ähnlich.«

»Und – hat er auch was von Selbstmord gesagt?«

»Das weiß ich nicht.«

»Aber wenn ich mich umbringe, dann ist doch auch Schluss mit Angst und so.«

»Hm. Gerade das nun glauben die Buddhisten nicht …«

»Jetzt ist der Idiot schon wieder bei seinem Selbstmord!« stöhnt Regula genervt.

Die Stunde ist sowieso gleich zu Ende. Nur noch eines will Mike wissen.

»Kann man zu Buddha beten? Ist das eine Sünde?«

»Eine Sünde – nein, sicher nicht.«

»Würden Sie das tun?«

»Ich tue es nicht. Es gibt ganz verschiedene Wege und mein Weg ist ein anderer.«

Es klingelt. Mike kommt noch mal nach vorn.

»So'ne Buddhafigur, ich meine, eine kleine, kann man die kaufen?«

Ich verspreche ihm, mich zu erkundigen.

Bei einem Adventskaffee erzähle ich Freunden von der ungewöhnlichen Wissbegierde und dem Anliegen dieses schwierigen Schülers.

Ende Januar ruft mich eine Freundin an. Sie war in Indien, da fiel ihr Mike und sein Wunsch ein: Sie hat einen kleinen vergoldeten Buddha zum Anhängen für ihn mitgebracht.

Eine Woche lang lasse ich ihn bei mir liegen. Das mit dem Christen-Gott sei »Käse« hatte Mike gesagt. Soll ich das noch unterstreichen, indem ich ihm selbst einen »anderen Gott« anbiete? Wird er nicht erst recht orientierungslos werden? Aber hatte ich nicht auch gesagt: Es gibt verschiedene Wege? Mike ist in seelischer Not, und er sucht, wenn nicht einen Weg, so doch einen Pfad, eine Spur aus seinem Dschungel von Leid, Demütigung und Zukunftsangst.

Es ist inzwischen Februar. Ich nehme den klitzekleinen Buddha mit in die Schule.

»Oh, für mich?« Mike erschrickt beinah, wird rot. »Was kostet der?«

»Nichts. Die Freundin von mir hat ihn aus Indien für dich mitgebracht.«

»Echt, aus Indien? Und geschenkt?«

»Ja. Aus Indien und geschenkt.«

Die ersten heißen Tage im Mai; Mike trägt nur ein T-Shirt. An einem dünnen schwarzen Lederband um den Hals erkenne ich den kleinen Buddha.

Fast ein Jahr später. Eine Gruppe Jugendlicher in der Straßenbahn. An der Stimme erkenne ich Mike. Er hat mich auch gesehen. Ist jetzt in der Lehre. Doch, es gehe ihm eigentlich ganz gut. Er knöpft seine Windjacke obenauf, zieht das Lederband vor: »Der kleine Kerl ist ganz gut. – Überhaupt war das die einzig gute Stunde bei Ihnen. Hat mir echt was gebracht.«

Er steigt an der nächsten Haltestelle aus.

»Tschüs, also.«

Er dreht sich noch mal um, grinst mir fröhlich über die Schulter zu.

Die meisten Schüler helfen bei den Vorbereitungen zum Sommerfest. Nur fünf kommen etwas lustlos ins Klassenzimmer gelatscht.

»Ich hab ein afrikanisches Quartett – wollen wir spielen?« schlage ich vor.

»Au klasse!«

»Dann brauchen wir keine Hefte!«

»Ätsch, wir spielen was«, ruft Peter in den Schulhof hinunter.

Alle setzen sich im Kreis, nur Pascal bleibt am Fenster stehen und starrt hinaus.

»Komm. Wir wollen anfangen.«

»Scheiß-Spiel! Hab kein Bock.«

»Warum denn ›Scheiß‹?« frage ich möglichst sachlich.

»Erstens weiß ich nicht wie's geht, außerdem Afrika. Afrika! Die verdammten Nigger sollen abhauen und uns in Ruhe lassen.«

Missmutig kommt er schließlich in die Runde, lässt sich auf den Stuhl fallen, dass es kracht. Wechselt den Stuhl aus. Auch der zweite ist nicht recht. Der dritte ist es dann.

Wie schwer mir dieser Junge fällt! Verwöhnt, missmutig, hinterhältig. Sein viel zu dicker, rosiger Körper steckt in stets modischem Outfit, T-Shirts mit Glimmer, Turnschuhen mit Rücklicht. Und dann die ewige Esserei!

Zwei Kaugummi auf einmal schiebt er sich in den Mund. Jetzt scheint's ihm besser zu gehen. Wir spielen, lachen, necken. Prima, Marlies hat das erste Quartett.

»Die hat beschissen, so'ne Gemeinheit. Ich spiel nicht mehr mit. Da habt ihr euren Dreck.«

Die Karten segeln über den Tisch.

»Überhaupt nicht beschissen hab ich!« Marlies wehrt sich, schubst Pascal.

»Verdammte Fotze, rühr mich an, dann kriegste eine, dass dir die Därme zum Maul raushängen.«

Keuchend vor Wut steht er vor ihr, sein schwammiger Körper vibriert durch und durch. Ich fange seine erhobene Faust auf: »Jetzt reicht's. Wenn du nicht spielen magst, dann setz dich dort hin und schreib den Text von gestern fertig.« Wir spielen weiter, aber Spaß macht es nicht mehr.

»Gucken Sie mal, und jetzt flennt er!«

Wirklich. Er liegt über seinem Heft und schluchzt, als sei ihm großes Unrecht geschehen. Ich schicke die anderen etwas früher in die Pause.

»Du, Pascal, jetzt sag mir mal ...«

»Schwätzen Sie bloß keinen Scheiß an mich hin!«

Er hebt seinen Kopf mit einem trotzigen Ruck. Im Begriff, ihn energisch zurechtzuweisen, erschreckt mich sein Blick abgrundtiefer Trauer im tränenverschmierten Gesicht.

»Sag mal, was ist eigentlich los?«

»Was los ist? Was los ist? Ich bin doch Dreck für Sie. Dreck. Scheiße am Schuh. Dreck für alle. Alle sind gemein. Alle hacken auf mir rum. Und Sie jetzt auch noch. Dann bringe ich mich eben um. Ist doch egal. Dann haben Sie's. Dann habt ihr's alle. So'ne Gemeinheit.«

Sein Schimpfen ertrinkt im Schluchzen.

»Du, ich möchte dir was sagen ...« Ich berühre seine Schulter.

»Pfoten weg!« kreischt er hysterisch. »Wer mich anrührt, kriegt was ab ...«

Das war deutlich. Ich setze mich auf den Tisch neben ihm. Die Jalousien sind heruntergezogen. Es ist fast dämmrig und unerträglich heiß. Pascal weint. Plötzlich fährt er hoch, dass der Stuhl umfällt und geht in den Gruppenraum nebenan. Die Tür steht offen, aber ich kann ihn nicht sehen. Auch zu hören ist nichts.

Diese Erfahrung von Hilflosigkeit! Kein Rat, keine Maßnahme, nichts mehr geht. Auch die Zeit nicht. Stillstand. Hitze.

Ich warte. Warte ich? Warten auf nichts. Auch das ist Warten.

»Sie sind ja immer noch da?« Pascal steht im Türrahmen. »Warum sitzen Sie denn da rum?«

»Weiß nicht. – Sag, hast du eigentlich einen Freund?«

»Freund. Nee. Sind doch alles Arschlöcher. Und Idioten. Sagt mein Vater auch.«

»Idioten – sagt dein Vater?«

»Klar. Ist doch 'ne Idiotenschule. Oder? Und darum ist mein Vater sauer auf mich.«

»Warum ist er sauer auf dich?«

»Weil, der kann Idioten nicht leiden. Und wer soll mal die Firma übernehmen, wenn ich zu blöd bin? Und darum schlägt er mich immer.«

»Dein Vater schlägt dich?«

»Schlagen. Wissen Sie denn, was schlagen heißt? Mit dem Elektrokabel. Und dann muss ich die Nacht auf dem Stuhl sitzen.«

»In der Nacht? Warum denn nachts?«

»Damit ich Disziplin lerne, sagt mein Vater. Und heute nacht, heute nacht ...«

Seine Unterlippe zittert.

»Was war heute nacht?«

»Als alle schliefen – und ich konnt nicht mehr sitzen – da wollte ich mich in mein Bett schleichen. Aber es war nur eine Falle. Da kam der gemeine Hund und hat mich so zusammengeschlagen, dass ich dachte, es ist aus. Getreten hat er mich. Dieser Scheiß-Kerl. Wie ich den hasse.«

Pascal weint jetzt nicht mehr. Er starrt vor sich hin. Ausweglos traurig.

Ausweglos. Auch ich weiß keinen Weg. Gespräche, Jugendamt, Nachhilfe? Gibt es etwas, was ihn noch abhalten könnte, sich einzurichten im Versagen? Sein wimmerndes Herz, das im brutalen Schlag, die verzweifelte Seele, die in obszönem Fluch sich entlädt. Demütigung, die er abschütteln will, indem er sie weitergibt.

»Wollen Sie eigentlich ewig hierbleiben?« Seine Stimme klingt plötzlich sehr hell.

»Nein. Komm wir gehen.«

»Also«, sagt er, »tschüs. Bis nächste Woche.«

»Tschüs, Pascal.«

Am Abend, zu Hause. Dieser Kalender hängt da auch schon anderthalb Jahre; sollte ihn mal austauschen. Russische Ikonen. Ich blättere durch.

Seltsam. Diesen Engel habe ich doch kürzlich erst gesehen? Rublew, Moskau, 15. Jahrhundert. Wo nur habe ich diesen Engel gesehen? Die schwermütigen Augen, die runden Wangen, die weichen und doch festverschlossenen Lippen. Das rote Gewand, die blaugesäumten Flügel. Flügel? Nein, das weite rote T-Shirt von Pascal hat keine Flügel.

Aber das Gesicht, es ist sein Gesicht!

Pascal – ein Engel? Ich hänge den Kalender wieder auf.

Ikonen – Fenster zur Ewigkeit, steht auf dem Deckblatt.

Die ›Pascal-Ikone‹ schaut mich an. Ich schaue sie an. Fenster zur Ewigkeit.

Pascal, auch du ein Fenster: Du, der ganz Einmalige, von Gott Gemeinte, Angenommene.

Und ich kann dich nicht annehmen? Ich finde keinen Weg zu dir. Meine Seele hat sich verheddert in deiner grellen Kleidung, deiner Grobheit. Von deiner derben Sprache, den geballten Fäusten hab ich mich abbringen lassen auf eine Fährte, die wegführt von dir: Störenfried, lästiger Schüler. Und jetzt dieser Engel.

Lange schaue ich ihn an. Die Gesichter schieben sich übereinander. Pascals Gesicht: Das Gesicht des Engels. Ausgerechnet!

Am nächsten Tag in der Schule. Die Schüler kommen mir entgegen zur großen Pause die Treppe heruntergesprungen. Pascal mitten drin. Der Engel im T-Shirt! Ich muss lachen. Lache ihn an.

Da kommt er auf mich zu, bricht seine Ritterschokolade in der Mitte durch: »Da haben Sie auch was für die Pause. Ist schon ein bisschen weich, aber macht nichts.«

Nein, das macht wirklich nichts. Danke, Pascal.

Toll, der geile Satz von Martin Luther King

Martin Luther King. Schlimm finden die Schüler, wie man die Schwarzen im Bus behandelt, unverständlich, dass sie nicht die weißen Schulen besuchen dürfen, skandalös, dass sie keinen Zutritt in Restaurants oder Kinos hatten.

»Dieser Martin Luther King war einfach super«, findet Viktoria.

»Schade, dass sie ihn abgeknallt haben, dem wäre vielleicht auch noch eine Lösung für Jugoslawien eingefallen«, überlegt Drago.

»Am besten finde ich den geilen Satz«, ergänzt Alex.

»Welchen Satz meinst du denn«, frage ich.

»Dass der mit dem Schwert umkommt, wer das Schwert nimmt, das finde ich echt geil.«

»Kannst du das mal mit deinen Worten sagen, was daran so gut ist?«

»Ja also – dass es nichts bringt, wenn sie sich gegenseitig die Birne blutig schlagen oder abknallen. Sieht man doch in Jugoslawien. Die Tschetniks uns – und wir die. Nachher sind sie alle futsch. Darum finde ich den Martin Luther King wirklich 'nen guten Typ.«

Hm, denke ich, auf die Sprache kommt es wirklich nicht so an, aber mit dem Herzen haben sie begriffen, worum es bei der Gewaltlosigkeit geht. Ich fühle mich gut. Schön, dass es solche Stunden gibt!

Es läutet. Die anderen kommen herein. Gedrängel in der Tür.

»Hau bloß ab!«

»Wenn du noch mal!«

»Schwuler Hund!«

»Sag das noch einmal!«

Ich kann die Faust nicht mehr aufhalten, die mit Wucht in Alis Gesicht landet. Das Blut spritzt förmlich aus der Nase. Die beiden verknäulen sich ineinander; Schlagen, Treten, Haarereißen.

»Alex! Ali! Schluss!«

Sie hören mich überhaupt nicht. So schiebe ich meinen Körper in das Knäuel, das merken sie und hören auf. Keuchend, blutverschmiert stehen sie da. Der große Alex heult vor Wut, Alis Nasenblut tropft auf den Boden. Er verschmiert es mit dem Fuß.

»Sag mal Alex, du hast doch eben den Satz mit dem Schwert so gut gefunden ...«

»Wieso?« fragt er verdutzt, »das hat doch damit nichts zu tun. Ich habe doch gar kein Schwert. Außerdem ist der Ali ein verdammter Türke ...«

»Fängst du schon wieder an!« Ali hebt drohend seine blutverschmierte Hand.

Bebend vor Hass zischt Alex »Na warte, in der Pause polier ich dir die Fresse, da kannst du von mir aus im Blut versaufen.«

Am liebsten würde ich die nächsten Stunden ausfallen lassen. Nicht wegen der Blutspritzer auf meinem Pullover; ich fühle mich wie nach einer Schlacht – eine, die ich verloren habe.

Ich bin Niemand

Schirmmütze im Nacken, Hände in den Taschen, kommt kurz nach Unterrichtsbeginn ein großer blonder Junge herein und pflanzt sich an der Tür auf.

»Wer bist du denn?« möchte ich wissen.
»Ich? Ich bin Niemand!«
»Du siehst mir aber ziemlich nach Jemand aus, nur kenn ich dich noch nicht.«
»Werden mich auch nicht kennenlernen. In Reli komm ich nämlich nicht. Ihr Scheiß-Gott, der kann mich mal ... So, das war's!« Dreht sich um und knallt die Tür hinter sich zu.
»Der ist ziemlich neu. Reli hasst er, hat sich schon in der anderen Schule abgemeldet. Außerdem ist er stinksauer.«
»Stinksauer?«
»Ja. Sein Alter sitzt im Knast. Schlägerei oder so. Stand sogar in der Zeitung. Danach ist der Manuel zwei Tage nicht in die Schule gekommen.«
»Manuel heißt er? Gott mit uns.«
»Was hat denn der mit Gott zu tun?«
»Er? Das weiß ich nicht genau. Aber sein Name, Emanuel, der bedeutet: Gott mit uns.«
»Passt aber verdammt schlecht zu dem Typen«, stellt Mike fest.
Wir halten die Stunde. Heute vielmehr schlecht als recht. Alles Interesse, auch die freundliche Wärme, die manchmal das sachliche Interesse ersetzen hilft, hat Manuels traurig-trotziger Abgang mitgenommen. Nichts scheint wichtig. Graue Öde, gegen die ich nicht ankomme.
Ich teile einen Text aus:

Ich glaube an die Sonne,
auch wenn sie nicht scheint.
Ich glaube an die Liebe,
auch wenn ich sie nicht spüre.
Ich glaube an Gott,
auch wenn ich ihn nicht sehe.

Zeilen, an eine Wand im Warschauer Ghetto gekritzelt.
Warschauer Ghetto – ist den Schülern egal. Das Schicksal der Juden – ist den Schülern egal.
»Mutter hat er auch keine«, sagt Otto vor sich hin.
»Mutter? Wer hat keine?«
»Na, Manuel natürlich.«
»Ach so, Manuel. Ihr könnt die Blätter jetzt ins Heft kleben und dann machen wir Schluss.«

»Kann ich noch so'n Blatt kriegen?«

»Mike, du hattest doch schon eins, oder?«

»Ja, schon. Aber ich habe gedacht – ich kann dem Manuel eins mitnehmen.«

»Das schmeißt der doch bloß in den Papierkorb«, Otto schüttelt den Kopf.

»Kann sein«, stimmt Mike zu, »aber vielleicht ...«

Ich gebe ihm ein Blatt: »Du hast recht. Vielleicht ...«

Auch wenn sie nicht scheint, an die Sonne glauben, auch wenn ich nichts spüre, an die Liebe glauben, und wenn ich ihn nicht sehe, an Gott glauben ... unmöglich? Schwer jedenfalls. Aber vielleicht ... Emanuel: Gott ist mit uns.

Was ich vom neuen Jahr erwarte? Scheiße.

Die erste Stunde nach den Weihnachtsferien. Das neue Jahr ist eine ganze Woche alt. Was wird es uns bringen? Worauf freuen wir uns? Was fürchten wir?

»Ich fürchte, meine Eltern lassen sich doch scheiden.«

»Ich hoffe, dass meine Oma nicht stirbt.«

»Vielleicht kommt mein Freund aus Italien zurück.«

»Ich habe Angst, wegen dem Krieg in Bosnien.«

Manche sind lebhaft dabei. Andere beteiligen sich nicht. So teile ich Blätter aus und lasse sie aufschreiben.

Was ich am Nachmittag lese, unbeholfen und ungeschminkt, ist die angstvolle Vorwegnahme einer düsteren Zukunft.

»Was ich erwarte? Scheiße, was sonst? Mein Vater hat keine Arbeit mehr.«

»Was mir das neue Jahr bringen soll? Was schon, wenn sich meine Eltern schon an Silvester prügeln.«

»Mein Freund hat Aids. Ich habe Angst.«

Besonders viel hat Boris geschrieben.

An dieser Stelle muss ich unterbrechen, mich an den Leser direkt wenden. Was Boris aufgeschrieben hat, ist so grausig und erschreckend, dass ich es bis ganz zuletzt nicht in diese Sammlung aufnehmen wollte. Ich habe mich geekelt und auch geschämt.

Aber gerade solche Distanzierung aus Abscheu, das vornehme Wegschauen, lässt diese Kinder in einem Wahrnehmungsvakuum, in dem sie sich mit immer gröberen Reizen vor dem Gefühl der Lebensleere zu retten suchen. Muten wir sie uns also zu, diese Beschreibung des Silvesternachmittags eines zartgliedrigen Dreizehnjährigen mit sanftem Gesicht.

»Meine Eltern und meine Schwester sind weggefahren. Dann ist mein Freund gekommen. Er hatte eine lebendige Maus. Wir haben ihr so lange Saft eingespritzt bis sie tot war. Dann haben wir den gestorbenen Hasen von meiner Schwester ausgebuddelt. Den haben wir mit Silvesterknallern vollgestopft, die Zündschnur verlängert und in die Luft gesprengt. Die halbverfaulten Gedärme hingen überall im Gebüsch. Es war echt geil. Was ich vom neuen Jahr erwarte? Nichts.«

Ich habe keine Ahnung, wie ich mit diesem Bericht in der Klasse umgehen soll. Am liebsten übergehen. Nicht noch mehr Details! – Auf dem Weg zum Einkaufen sehe ich Boris. Obwohl es kalt ist und regnet, geigt er auf seinem Fahrrad herum ohne Mütze, ohne Handschuhe.

»Hallo, Boris, wohin bis du denn unterwegs?«

»Och, nirgends, eigentlich.«

Ich denke an den zerfetzten Hasen – will weitergehen. Es ist doch nicht zu fassen, dass dieser Junge mit dem weichen Gesicht … Ich schaue ihn an. Verfroren sieht er aus – und einsam.

»Magst du mit mir kommen? Ich wohne hier in der Nähe.«

Erstaunt schaut er auf.

»Ich habe sowieso nichts vor.«

Wir trinken Kakao und essen Gebäck, nachweihnachtlich trocken, aber es schmeckt uns beiden gut.

»Sag mal, was du da geschrieben hast, ist das ausgedacht oder habt ihr das …?«

»Das haben wir wirklich gemacht. Sie haben wohl keine starken Nerven, wenn Sie das so schlimm finden. Sie müssten mal das eine Video sehen …«

»Guckst du viel Video?«

»Ziemlich. Mein Vater ist sehr streng. Früher hat er mich immer verdroschen. Jetzt kriege ich Hausarrest. Neulich 'ne ganze Woche.«

»Und dann guckst du Videos?«

»Klar. Was sonst?«

Kann ich mit Worten irgend etwas ausrichten gegen diese Bilder, diese Greuel, die sich da über ihn ergießen?

Es wird früh dämmrig. Ich zünde zwei Kerzen an. Behutsam nimmt Boris eine Schnitzerei in die Hand, einen Familienstammbaum der Makonde.

»Aus Afrika? – Man sieht, wie die alle zusammengehören. – Aber jetzt muss ich gehen. Sonst gibt's wieder Arrest.«

Er zieht den noch feuchten Anorak an.

»Könnten wir nicht mal in der Schule, ich meine, alle in der Klasse zusammen Kakao trinken, so mit Kerzen und so?«

»Du meinst gemeinsam frühstücken? Das können wir morgen besprechen.«

Alle sind dafür. Nächste Woche, erste Stunde am Mittwoch.

Jeder will etwas mitbringen.

Schon auf dem Schulweg erkenne ich sie an ihren Plastiktüten.

»Ich hab Schinken dabei!«

»Und ich Nutella.«

»Meine Oma hat einen griechischen Honigkuchen, extra für uns gebacken!«

Der Tisch ist beladen mit Köstlichkeiten. Ich habe Kerzen mitgebracht und gebe Boris die Streichhölzer. Beinah andächtig zündet er die Kerzen an.

Alle vierzehn setzen sich. Einen Augenblick Unsicherheit.

»Jetzt müssen wir beten«, schlägt Christina vor.

»Betet ihr zu Hause vor dem Essen?«

»Nur am Sonntag, oder Festtage, wenn die große Familie zusammen ist, so wie wir jetzt.«

Christina aus Italien hat eine sehr große Familie.

Wir falten die Hände, sprechen das Gebet, das wir seit Schuljahresbeginn immer am Anfang der Stunde sagen:

Gott, lege deine Hände auf meine Schultern,
sprich mir mit deiner Stimme ins Ohr,
senke mir deine Liebe ins Herz,
und hilf mir erfüllen,
was du mit meinem Leben vorhast.

Danach geht es lebhaft und genussvoll zu. Sogar das anschließend notwendige Aufräumen läuft erstaunlich harmonisch.

Was zählt diese eine Stunde friedvoller Gemeinschaft angesichts einer von Zerstörung bedrohten Zukunft? Diese Frage hebt ihren destruktiven Kopf, als ich erschöpft von einem langen Schultag nachmittags heimkomme. Eine Stunde Wärme und Frieden. – Ich kann die schreckliche Wirklichkeit nicht unwirklich machen, indem ich eine idyllische dagegensetze. Aber ich kann immer wieder eine andere Wirklichkeit daneben stellen, sie erfahren lassen, dass Friedfertigkeit und Geborgenheit auch ganz real und ganz möglich sind.

Lohnt sich der Aufwand? Was kann eine einzige solche Stunde bringen?

So viel, wie das Licht einer einzigen Kerze in einem dunklen Raum.

Null Bock auf so'n beschissnes Leben

Mein Schlüsselbund fehlt. Das ist nun wirklich schlimm. Nicht auszudenken, die Aufregung, die Kosten, wenn die Schließanlagen von drei Schulen und drei Tiefgaragen ausgewechselt werden müssten. Alles Suchen und Fragen bleibt ergebnislos. Ich bin bedrückt, und das noch mehr, als ich nachmittags in der Zeitung von jugendlichen Automardern lese. Hatte nicht erst letzte Woche Rodrigo gefragt, ob man mit Lehrerschlüsseln Autos knacken könne? Ich hatte das für eine Spaßfrage gehalten.

Am nächsten Morgen – nach einer schlechten Nacht bin ich früh dran, da ich einen Parkplatz auf der Straße finden muss – kommt mir Petra entgegen: »Ich habe Ihre Schlüssel gefunden! Dort drüben im Gebüsch.«

Ich bin sprachlos.

»Freuen Sie sich nicht?«

»Doch, Petra. Aber wie nur kommen die Schlüssel in das Gebüsch?«

»Sie freuen sich ja gar nicht richtig!«

»Doch. Ich bin sehr erleichtert und sehr dankbar. Ganz toll, dass du sie gefunden hast.«

Ein wenig scheu, ein wenig verlegen lächelt sie mich an.

Irgend etwas scheint hier nicht zu stimmen.

Nach der Begrüßung der Klasse nehme ich »den Stier bei den Hörnern«. »Mein Schlüsselbund war gestern verschwunden. Hat ihn jemand von euch genommen?«

Schweigen.

»Petra hat sie da hinten im Gebüsch gefunden. Wie kommen die Schlüssel ins Gebüsch?«

»Also, ins Gebüsch hab ich sie nicht geschmissen.« Rodrigo verteidigt sich, obwohl ihn niemand angeklagt hatte.

»Aber genommen hast du sie?«

»Nur zum Spaß. Wollte mal sehen, was passiert. Und nach der Pause habe ich sie wieder vorne auf den Tisch gelegt.«

»Und wie kommen die Schlüssel vom Lehrertisch ins Gebüsch?«

Großes Achselzucken. Nur Petra ist rot und starrt glasig an mir vorbei.

»Hast du eine Ahnung Petra?«

Da legt sie den Kopf auf die Arme und fängt an zu weinen. Weint wie ein kleines Mädchen.

»Die hat die Schlüssel wahrscheinlich selber dahingeschmissen«, meint die deftige Jessy, die in einer Art Dauerfehde mit der melancholischen Petra lebt.

»Das kann ich mir gar nicht vorstellen. Petra sag mal, was ist denn los? Was gibt's denn zu weinen?«

Unter Schluchzen kommt es heraus. Nicht im Gebüsch, auf dem Tisch in der Klasse seien die Schlüssel gelegen, und da habe sie gedacht, ich würde mich freuen, wenn sie am nächsten Tag …

»Wenn ich mir eine Nacht lang ordentlich Sorgen gemacht habe, dann freue ich mich besonders und bin dir sehr sehr dankbar. Hast du das gedacht?«

Sie schluchzt erbärmlich. Soll sie. Dieser Weg, meine Zuneigung zu gewinnen, ist mir zu anstrengend.

Aber auch mit Rodrigo will ich noch ein Hühnchen rupfen.

»Was hast du dir eigentlich dabei gedacht?«

»Nichts. Ich bin sowieso böse.«

»Unsinn. Ein Tunichtgut bist du, ein ausgemachter. Aber böse nicht.«

»Doch bin ich böse! Vielleicht werde ich Verbrecher. Oder ein Fixer«, fügt er fast kindlich hinzu.

»Wer sagt das?«

»Meine Mutter. – Es macht mir auch nichts, wenn ich dabei sterbe. Weil, wenn ich tot bin, dann sehe ich Gott. Das sagt meine Oma.«

»So. Das sagt deine Oma.«

»Ja, die weiß alles über Gott.«

»Und dich interessiert Gott?«
»Ich liebe Gott, und ich will ihn mal sehen.«
»Aber trotzdem willst du auch ein Verbrecher sein?«
»Nicht unbedingt. Aber wenn meine Mutter es sagt, ... wahrscheinlich werde ich einer.«
Der Schlüsselbund ist völlig vergessen.
»Stimmt es, dass man Gott sieht, wenn man tot ist?« fragt Gina. »Mir macht es auch nichts aus, tot zu sein. Ich hab sowieso keinen Bock auf Leben. Wozu auch?«
»Gibt es denn gar nichts, was dir Freude macht?« frage ich sie.
»Ich wüsste nicht, was. Ich hab noch nie was gehört oder gesehen, dass es sich lohnt – das Scheiß-Leben. – Trotzdem. Ich werd nie mehr Selbstmord begehen!«
Ich schaue Gina an: »Nie mehr?«
»Ja, letztes Jahr. Ich war doch sogar im Krankenhaus. Aber so kotz-eklig wie es mir danach gegangen ist, das mache ich nicht nochmal.«
»Und warum hast du's gemacht?«
»Ach. Dauernd hat meine Mutter gedroht, sie sagt's am Abend dem Vater, wenn ich eine schlechte Note hatte, oder frech war oder irgendwas. Und der Vater schlägt mich dann abends. Und weil ich davor immer so Angst hatte, den ganzen Nachmittag Angst, habe ich oft Tabletten genommen, nur eine oder zwei und hab geschlafen. Dann hab ich die Angst nicht so gemerkt.«
»Und hat dein Vater dich dann geschlagen?«
»Wie er gerade Laune hatte. Manchmal hat er nur gelacht, wenn ihm die Mama erzählt hat, was ich gemacht hab, aber wenn er schlechte Laune hatte, dann hat er sich richtig an mir ausgetobt.«
»Und dann wolltest du dich umbringen?«
»Wollte? Na ja. Einerseits. Es war auch halb aus Versehen. Ich hab halt einfach noch mehr Tabletten genommen als sonst und noch andere dazu – und da ist es halt passiert.«
Petra hat schon länger aufgehört zu weinen. Das Kinn auf die Hand gestützt, hört sie aufmerksam zu.
»Ich will auch oft sterben. Ich geh immer rauf in den vierten Stock und stell mich ans Fenster. Manchmal denke ich, ich tu's. Dann denke ich an meine Oma in Würzburg. Dann lass ich's. Meine Oma, die liebt mich. Sie ist der einzigste Mensch, der mich wirklich liebt.«

»Mich liebt wahrscheinlich niemand«, überlegt Leo, »ich könnte tot sein oder auch nicht. Noch ein paar Sachen so mit Liebe und Sex will ich ausprobieren. Aber sonst, null Bock.«

»Leben Sie denn gerne?« Gina fragt unvermittelt.

»Ja. Obwohl ich es manchmal auch schwer finde.«

»Wurden Sie von ihrem Vater geprügelt?«

»Nein.«

»Waren Ihre Eltern geschieden?«

»Nein.«

»Arbeitslos?«

»Nein.«

»Und Ausländerin sind Sie auch nicht. Da können Sie eigentlich gar nicht mitreden.«

Wahrscheinlich hat sie recht. Aufgabe in der nächsten Woche: »Das Leben ...« Diesen Satz sollen sie zu Ende führen und zwei oder drei weitere hinzufügen. Auf einem Blatt lese ich: »Das Leben ist Angst und Schwierigkeiten. Eigentlich Scheiße. Man kann es nicht verstehen, weil es irgendwie verrückt ist. Die Welt ist sowieso kaputt, und darum habe ich Angst.«

Zur nächsten Stunde bringe ich einen Text mit: »Die Existenz des Menschen ist auf Angst, Not und Tod gebaut. Die Welt, in der der Mensch lebt, ist nicht rationalisierbar, sie ist vielmehr unfasslich und absurd. Die Stimmung zeigt dem Menschen seine innere Ungeborgenheit, sie führt ihn so zur Angst. In dieser Angst wird sein ganzes Sein in Frage gestellt.«

Einige Worte müssen erklärt werden, dann stellt Leo fest: »Der Mann hat absolut recht.«

Dass »der Mann« Kierkegaard ist, tut nichts zur Sache. Aber dass Kierkegaard aus dieser verzweifelten Befindlichkeit den Sprung in das absurde Paradox des Glaubens als Möglichkeit sieht, das beschäftigt mich sehr.

Wie kann ich angesichts so viel im täglichen Leben erfahrener Ungeborgenheit und Sinnleere weiter Religion unterrichten?

So sprechen wir auch in dieser Stunde unser altes Gebet:

> *»Gott lege deine Hände auf meine Schultern ...*
> *Senke mir deine Liebe ins Herz*
> *und hilf mir erfüllen,*
> *was du mit meinem Leben vorhast.«*

Was, Gott, hast du vor mit dem Leben dieser Kinder?

Rambo sucht Gott

Ich bekomme eine neue Klasse. Eigentlich nur eine Gruppe von Drittklässlern. Neun Kinder sollen es sein. Doch was da zur Tür hereindrängt, stoßend, keilend, grunzend, das gleicht eher einer Herde junger Nashörner. Nach einer Viertelstunde sitzt wirklich jedes auf seinem Stuhl – also doch Kinder! Ich möchte ihre Namen kennenlernen. Sabine und Christian, Drago, Sonja, Alex ... und du?

Das kleine Bürschlein zuckt mit den Schultern: »Hab keinen Namen.«

»Hm, wie soll ich dich dann nennen?«

»Egal.«

Ich mache Vorschläge: »Felix? Oder Froschkönig? Vielleicht Eisenhans?«

Die anderen Kinder haben Spaß am Ratespiel. Mein Blässling zuckt nervös mit den Augen und schlackert absonderlich mit den Armen.

»Nun? Wie magst du heißen?«

»Rambo!«

Das schmächtige Kerlchen hat eine kreischig laute Stimme.

»Sag mal, nachmittags, siehst du viel fern?« frage ich ihn.

»Nö, Fernsehen ist langweilig. Meistens Video. Ich hab einen eigenen – da guck ich auch im Bett. Im Fernsehen guck ich nur die Catcher-Filme. Guckst du auch die Catcher-Filme?«

»Nein.«

»Warum nicht?«

»Weil ich nicht so viel Zeit hab, und vielleicht würde ich sie auch nicht mögen.«

Jetzt steht er auf, mein »Rambo«, der eigentlich Andi heißt und sagt mit fürsorglichem Kopfnicken: »Du kannst sie dir ruhig anschauen. Auch wenn sie sich ganz schlimm schlagen – die meinen es ja nicht ernst. Da brauchst du keine Angst haben.«

Seine Augen sind weit aufgerissen.

Ich frage: »Und wer meint es ernst?«

»Die andern. Die sich wirklich schlagen.«

»Dein Papa?«

Andi nickt, »die Mama auch. Und der Onkel ... aber im Fernsehen, da ist es nicht ernst – das kannst du dir ruhig anschauen.«

Ist es vielleicht gar ein Segen, dass Andi – mit neun – einen eigenen Fernseher mit Video hat, so dass er fliehen kann in eine Welt, wo man sich nur zum Spaß schlägt, während nebenan im Ernst geschlagen wird?

Nächste Stunde. Schulschluss. Andi-Rambo trabt neben mir her.

»Ich will dich was fragen.«

»Ja?«

»Gibt es Gott?«

»Ja.«

»Kennst du ihn?«

»Ein bisschen.«

»Sprichst du manchmal mit ihm?«

»Ja.«

»Kannst du ihn sehen?«

»Nein.«

»Wo ist er dann?«

»Die Frage ist schwer. Gott ist auch in dir.«

»Und in dir? In allen Menschen?«

»Ja.«

»Gut. Wenn ich groß bin, dann schlage ich den Menschen den Kopf ab und guck, ob ich Gott drin sehe.«

»Andi …«

»Ich muss jetzt nach Hause! Tschüs!«

Er rennt die Straße hinunter. An der Ampel bleibt er stehen. Ich sehe seine Schultern, die zucken. Zucken, als wollten sie etwas abschütteln.

Sarah, das Stinktier

Alle Kinder malen. Tiefe Brunnen, in denen ein kleiner Josef seine Hände in die Höhe reckt.

»Der sitzt da unten in der Matsche – da tät' ich mich ekeln.«

Eifrig wird die Matsche mit Würmern, Fröschen und Käfern angereichert. Sie genießen den Ekel des kleinen Josef geradezu.

»Ich riech', wie der Brunnen stinkt«, meint Costa ganz zufrieden.

»Mein Brunnen stinkt auch.«

Irgend etwas stinkt hier wirklich. Ich öffne das Fenster. Es ist penetrant.

Heftiges Schluchzen. Sarah liegt über ihrem Heft und weint herzzerreißend.

»Was ist denn, Sarah?«

»Ich hab wieder in meine Hose gemacht. Und wenn es Kacke ist, krieg ich mit dem Gürtel.«

Sie steht auf und wirft sich ungestüm in meine Arme. Ihr Schmerz ist größer als ihr Gestank, so dass ich ihn für eine Weile vergesse.

»Du sollst mich ganz festhalten«, schluchzt sie und drückt mir ihr verschnieftes Gesichtchen in den Bauch.

Mit der linken Hand halte ich sie fest und schreibe für die anderen Kinder an die Tafel:

Der Brunnen ist tief. Josef hat Angst. Niemand hilft ihm 'raus.

Schreiben ist für die Zweitklässler noch ein mühseliges Geschäft, und sie brauchen eine gute Weile.

Ich gehe mit Sarah zum Waschbecken. Nein, zur Toilette will sie nicht. Es ist ja gar nicht so viel drin, in der Hose. Sie will auf meinem Schoß sitzen. Aber das will ich nicht; ich habe noch zwei Schulstunden nach dieser.

»Aber in den Arm nehmen!« verlangt sie.

Das geht. Ich lehne mich an die Wand, so halte ich den Druck ihres festen kleinen Körpers gut aus, lege die Arme um sie. Es stinkt doch ziemlich.

»Ist es schlimm mit der Mama, wenn du mit der schmutzigen Hose heimkommst?« will ich wissen.

»Die Mama ist doch gar nicht daheim.« Heftiges Schluchzen. Abgerissene Sätze.

»Nur zum Duschen kommt sie, und dann schminkt sie sich, und dann geht sie wieder weg. – Weil, sie hat doch Angst, wenn der Freund wiederkommt – weil, der hat sie doch in den Bauch geschlagen und das Kleid zerrissen – weil, der will doch Geld. Und sie hat geschrien, und ich soll die Polizei holen.« Sarah lässt mich los, richtet sich auf und sagt stolz: »Die Nummer von der Polizei, die weiß ich nämlich ganz alleine: 110!«

»Wie kommt's, dass du die auswendig weißt?«

Sarah fällt der Umgang mit Buchstaben und Zahlen noch schwerer als den anderen Kindern.

»Die hat meine Mama immer mit mir geübt. Jeden Tag. Weil, die Polizei braucht man immer.«

»Und hast du sie angerufen?«

»Nein – ich konnte doch nicht!« lautes Heulen. Die anderen Kinder schauen herüber.

»Erst hat der Umberto das Kabel aus der Wand gerissen, und dann hat er die Tür aufgemacht und mich an den Haaren gerissen und ins Treppenhaus geschmissen.«

Ich habe den Gestank vergessen, setze mich auf einen Stuhl und wiege das schluchzende zuckende Bündelchen. Die anderen Kinder sind völlig still. Lange. Ich spüre, wie die Bluse von den Tränen nass wird.

»Und dann ... und dann ... dann hat die Nachbarin die Polizei geholt. Und die haben Umberto mitgenommen. Und die Mama hat gekotzt und geheult. – Und jetzt geht sie immer weg – weil, sie hat Angst. Aber ich hab auch Angst!«

»Wer schaut denn nach dir und macht dir Frühstück und Mittagessen?«

»Die Nachbarin. Aber die gibt mir immer Rot-Arsch.«

»Rot-Arsch?«

»Immer wenn meine Hose nass ist, kriege ich Schläge, bei Voll mit dem Gürtel. Und dann muss ich alles waschen.«

»Selber waschen?« wundert sich die blasse Nelly, die selber ab und zu ein nasses Höschen hat.

»Schlägt dich deine Mutter denn nicht, wenn du nass hast?«

»Nein«, sagt Nelly, »weil ich hab' doch keine. Eine Schläge-Mutter will ich auch nicht. Komm doch auch ins Heim, da wird man nie wegen nasser Hose geschlagen.«

Sarah schüttelt den Kopf.

»Nein, dann ist meine Mama ganz allein. Ich will bei der Mama bleiben.«

Es läutet. Die Kinder stehen auf zum Schlusssegen.

»Hilft es, wenn man betet, dass man nicht mehr in die Hose macht?«

»Nein, Sarah, dafür hilft das Beten nicht.«

»Und dass die Mama daheimbleibt und man nicht mehr geschlagen wird. Hilft es dafür?«

»Nein, Sarah, auch dafür nicht.«

Ich komme mir armselig vor.

»Ich will trotzdem beten – aber du sollst mich in die Arme nehmen.«

»Mich auch – mich auch!«

Sarah und ich stehen in der Mitte, die anderen neun Kinder wie ein festes Umarmungsknäuel drumrum: Gott segne uns und behüte uns …

Einen Augenblick haben wir den Gestank vergessen.

»Amen. Du Stinktier!« Das war Gregor. Geht es jetzt von neuem los? Aber er hilft ihr gutmütig, den großen Schulranzen aufzusetzen, und gemeinsam traben sie zur Türe hinaus.

Dann verreck' ich eben auch

Projekttage. Die meisten Schüler sind mit ihrem Klassenlehrer unterwegs. Nur vier aus der 7. Klasse kommen zum Religionsunterricht.

»Ihr passt alle ins Auto – habt ihr Lust auf den Monte Scherbelino zu gehen?« schlage ich vor.

»Scherbelino, was ist denn das für ein komisches Wort?« will Tonio, der Italiener wissen.

»Als Stuttgart in Scherben lag, viele Häuser zerstört waren, am Kriegsende vor fünfzig Jahren, da hat man dort alle Trümmer aufgeschüttet. Es ist ein richtiger Berg geworden.«

Wir parken unten.

»Müssen wir etwa da rauflaufen?«

»Es sind kaum zehn Minuten bis oben.«

»Zehn Minuten! So weit. Ist oben eine Eisbude?«

»Nein. Trümmer.«

Lustlos schlappen sie den Weg entlang. Eine Coladose, die sie vor sich herkicken, muntert etwas auf.

Schließlich sind wir oben. Überwucherte Steinbrocken, kolossale Trümmerreste und der weite Blick über die Stadt. Von dem kurzen Aufstieg erschöpft, lassen sie sich auf den Steinen nieder.

»Mensch, guck mal. Ein Hakenkreuz!«

Wirklich, ein schwarzes Hakenkreuz mit Ruß auf einen großen Quaderstein geschmiert, direkt neben dem Holzkreuz, das hoch in den Himmel aufragt.

»Hat das Hakenkreuz eigentlich was zu tun mit dem andern Kreuz? Das sieht doch ziemlich ähnlich aus«, überlegt Simon.

»Klar«, Thomas ist selten um eine Antwort verlegen, »musst dem Kreuz nur alle vier Arme brechen, schon haste das Hakenkreuz.«

»Erst das Kreuz zerbrechen, dann die Häuser zerbrechen – verdammter Schuft der Hitler!« Simon kratzt mit einem Stöckchen am Hakenkreuz herum.

»Genau wie bei uns«, brütet Dragomir. Er lebt bei der Oma, seine Familie ist noch in Bosnien.

»Erst immer von Gott quatschen, und dann machen sie alle Häuser kaputt, Menschen kaputt. Die ganze Scheiße. Warum gibt es eigentlich Krieg?«

Gerne will ich mich auf diese tiefsinnigen Überlegungen einlassen. Da springt Thomas auf.

»Ach, hört doch auf zu reden. Glauben Sie, hier kann man noch alte Waffen finden oder Knochen?«

Plötzlich ist er ganz wach.

»Hitler war ein Verbrecher. Okay. Trotzdem. Der hatte die Macht! Ich hätte auch Lust dazu ...«

»Wozu hättest du Lust?«

»Alles kurz und klein schlagen – dass sie verrecken. Blut aus allen Ritzen. Wir haben sowieso zuviel Ausländer hier. Eines Tages ...«

Ich unterbreche seine Tirade.

»Biste eigentlich übergeschnappt?« fragt Tonio gelassen.

»Übergeschnappt? Wieso? Krieg bringt doch Spaß. Dann verrecke ich eben auch. Ist sowieso egal. Von mir aus kann diese ganze beschiss'ne Welt in Trümmer gehen.«

Er steht auf, steigt zwischen den Trümmern herum, auf der Suche nach »Kriegsmaterial«, wie er sagt. Die andern folgen ihm.

Da sitz ich nun. Vor mir das große Kreuz, das in den hellen Himmel zeigt und das kleine Hakenkreuz, von dem ich noch vor fünfzehn Minuten gesagt hätte, dass es in eine dunkle Vergangenheit zurückweist. Wirklich zurück? Wie vergangen ist diese Vergangenheit?

Der weite Rundblick wird sie sowieso kaum interessieren. Bedrückt rufe ich zum Rückweg.

Statt einer Kriegswaffe haben sie eine Autofelge gefunden. Klirrend kullert sie den Weg hinunter. Ein Radfahrer kommt entgegen. Mit einem geschickten Wurf lässt Thomas die Felge haarscharf vor ihm landen. Freut sich am Erschrecken.

»Thomas, bring mir die ...«

Noch bevor ich ausgesprochen habe, hat er sie aufgehoben. Knapp saust sie am Kopf von Tonio vorbei, der neben Simon vorne geht. Mit einer Schnelligkeit, die ich mir nicht zugetraut habe, laufe ich der Felge nach, hole sie ein und schleudere sie den Abhang hinunter ins Gebüsch.

»Was regen Sie sich denn so auf?« fragt Thomas cool. »Wir spielen doch nur.«

»Wenn du das spielen nennst! Es ist lebensgefährlich!« Da sehe ich, wie Simon das Licht ausbläst, das auf dem Gedenkstein am Weg brannte. Ich möchte aufgeben. Was ist eigentlich in diese Kerle gefahren? Da haben wir wochenlang über Anne Frank gesprochen, über Martin Luther King. Unbegreiflich schien ihnen so viel Nationalsozialismus, Rassismus und menschenverachtende Gewalt. Es sah doch aus, als hätten sie etwas begriffen. Und jetzt, außerhalb des Klassenzimmers, so viel Lust am Zerstören, Erschrecken, Verletzen.

Sie hören meine Stummheit – und das ist immerhin erstaunlich.

»Wir können's ja wieder anzünden«, meint Simon Versöhnung heischend.

»Wir haben keine Streichhölzer.«

»Thomas raucht, der hat ein Feuerzeug.«

Widerwillig holt er es aus der Tasche.

»Du rauchst?«

»Rauchen? Kiffen!« antwortet Tonio statt seiner.

»Na warte. Das wirst du mir büßen«, zischt Thomas böse.

Das Auto steht in der Sonne. Glutheiß. Sie quetschen sich hinein. Keiner von uns spricht ein Wort. Heiß, aggressiv, böse, traurig – so kommen wir zurück.

Im Lehrerzimmer ist noch der Schulleiter: »Toll, dass Sie die Gelegenheit genutzt haben …«

»Leider war es gar nicht toll. Was geht eigentlich mit Thomas vor?«

»Thomas? Sein Vater ist vor einigen Monaten verschwunden. Irgendwie untergetaucht. Genaues weiß niemand.«

Abends im Fernsehen, ein Junge, der durch die Trümmer seiner Stadt irrt, Angst und Hoffnungslosigkeit in den Augen. Seine Augen – es sind die Augen von Thomas! Der gleiche Blick. Hoffnungslosigkeit und ausweglose Angst – Kinder, deren Welt in Trümmer ging.

Ich weine, weil sie sich früher mal geliebt haben

»Warum kommt Eva seit einiger Zeit eigentlich ständig zu spät?« frage ich die Klassenlehrerin.

»Sie wissen das nicht? Ihr Vater hat die Mutter mal wieder krankenhausreif geschlagen. Und nun ist niemand zu Hause, der sich kümmert.«

Es ist zwei Wochen vor Ostern. Ich erzähle von Judas – er, der ein Freund, ein Jünger Jesu war, der ihn liebte und ihn verriet.

»Warum hat er das getan, wenn er ihn doch geliebt hat?« fragen die Kinder.

Ich muss überlegen.

»Judas hat ihn geliebt, und er hat sich ein Bild, eine Vorstellung von ihm gemacht. Er hatte große Hoffnungen. Dieser Jesus sollte ein Kampfkönig sein, der die Juden von den Römern befreit. Aber Jesus wollte ein Friedenskönig sein. Das war Judas zu wenig. Dass er die Feinde nicht verjagt, die Armut nicht abgeschafft hat, das konnte Judas nicht verstehen.«

»Ich auch nicht. Warum hat er's denn nicht getan?« will Mario wissen.

»Ja, warum nicht?« überlege ich.

»Er hat ja eigentlich gar nichts abgeschafft, nicht das Böse, das Schlimme, auch die Krankheit und den Tod nicht.«

»Vielleicht, weil er einfach ein Mensch ist?« denkt Mario weiter.

»Blödkopf! Jesus ist kein Mensch. Der ist Gott!« protestiert Andreas.

»Der ist ein Mensch mit Gott innendrin – das ist extra so: weil Gott können wir doch nicht kapieren«, befindet Johanna weise.

»Und hat darum der Judas ihn verraten, weil er zu arg Mensch war? Wollte der ihn mehr als Gott? War er darum böse mit ihm?«

Der Verrat eines Freundes, das interessiert Mario ganz offensichtlich.

»Ja«, sage ich, »so kann es sein. Wenn man jemanden sehr liebt und dann enttäuscht wird, dann kann Liebe zu schlimmem Hass werden.«

»Ich weiß das«, sagt Eva leise.

»Du weißt das?«

»Ja – meine Eltern ...«

Sie bricht ab.

»Da ist auch Hass?«

»Ja. Und jetzt scheiden sie sich. Weil – meine Mutter ist wieder im Krankenhaus. Glauben Sie, einmal war auch Liebe da? Vielleicht als ich noch klein war?«

»Ja, das glaube ich. Weil sie sich geliebt haben, sind sie deine Eltern geworden.«

»Jetzt wollen wir weiter von Judas hören!« ruft Mario dazwischen.

Ich erzähle weiter. Dann schreiben wir ins Heft. Da sehe ich, dass Eva weint.

Leise frage ich.

»Du weinst, weil deine Eltern so schlimm streiten?«

Sie schüttelt den Kopf.

»Daran hab ich mich schon gewöhnt.«

»Aber trotzdem weinst du?«

»Weil, weil – ich weine, weil sie sich mal geliebt haben – wenigstens als ich klein war.«

Lieber tot sein – als Angst haben

Zu zweit schleppen sie große Knet-Klumpen in die Klasse. Die Josephsgeschichte, heute wollen wir sie kneten.

Zwölf Brüder sind es. Ich schlage vor, jedes Kind knetet einen Bruder, ja, sie dürfen auch grün und rot sein. Doch Manfred beschließt, einen Brunnen zu kneten, und eh ich mich's versehe, habe ich statt der zwölf Brüder mindestens zehn Brunnen. In Gedanken bin ich bereits bei der symbolischen Ausdeutung: Brunnen – Tiefe – Wasser ...

Und wirklich, da hat André schon seinen Knetbrunnen mit Wasser gefüllt. Christina läuft auch zum Wasserhahn. Ich erinnere die Kinder, dass in dem Brunnen, in den die schlimmen Brüder den Joseph geworfen haben, eben kein Wasser war. Da sagt Manfred:

»Aber er hat die ganze Nacht Angst gehabt. In meinen Brunnen kommt Wasser, dann ersauft er wenigstens gleich. Lieber tot sein als Angst haben.«

Betroffen wiederhole ich: »Lieber tot sein als Angst haben?«

Da meint André zu mir:

»Du hast wahrscheinlich noch nie Angst gehabt, weil, du bist ja erwachsen.«

Es läutet zur Pause. Im Hinausgehen verabreden sie sich für den Nachmittag:

»Mein Vater hat ein neues Video, so mit Monstern und so.«

Micele bettelt: »Darf ich auch kommen?«

»Meinetwegen, meine Eltern sind sowieso nicht zu Hause.«

Lieber tot sein als Angst haben ... ist das die Alternative für Videokinder, jetzt acht – und wenn sie achtzehn sind – Drogenkinder?

Ich glaube an die Liebe, auch wenn ich sie nicht sehe

Die Woche vor den Ferien! Es ist heute besonders heiß.

»Müssen wir eigentlich immer Religion machen, auch bei der Hitze?« – Milena sitzt träge auf dem Fensterbrett und hat keine Lust auf ihren Platz zu kommen. Ich gehe auf ihre Unlust ein.

»Schlag was vor. Was interessiert dich denn bei der Hitze?«

»Wir könnten zum Beispiel über die Liebe reden«, meint sie.

»Könnten wir«, stimme ich zu, »nur fürchte ich, Liebe hat auch was mit Gott zu tun, und dann sind wir doch wieder bei Religion. Wäre das schlimm?«

»Na, schlimm nicht gerade. Aber ich meine Liebe – also eher Sex – damit hat Gott doch nichts im Sinn, oder?«

Markus, der sich an diesem Vorgespräch nicht beteiligt hat, wirft ein:

»Können wir nicht endlich beten – ich will mich hinsetzen.«
Wir sprechen gemeinsam unser neues Gebet:

Gott, lege deine Hände auf meine Schultern,
sprich mir mit Deiner Stimme ins Ohr;
senke mir Deine Liebe ins Herz,
und hilf mir erfüllen,
was Du mit meinem Leben vorhast.

Milena: »Da kommt ja auch Liebe vor, das war mir noch gar nicht aufgefallen. Aber das ist jedenfalls nicht die Liebe, über die wir sprechen wollen.«

Es wird eine besonders lebhafte Stunde – trotz der Hitze. Woran merke ich, ob mich jemand wirklich liebt, oder nur mit mir schlafen will? – Wie soll man mit seinen Eltern umgehen, wenn man verliebt ist? – Ist Aids eine Gottesstrafe? – Und Verhütungsmittel? – Mich verblüfft ihre erstaunliche Informiertheit, auch Offenheit voreinander, bei gleichzeitiger völliger Hilflosigkeit.

Nicht das Finden von Antworten, sondern das Durchstoßen zu den Fragen – für diese Schüler keine selbstverständliche Fähigkeit – ist für diese Stunde wichtig.

Am nächsten Tag bringe ich einen kurzen Text mit: »Tagebuch einer werdenden Mutter.« Es endet mit dem Satz: »Ich kann mich nicht richtig freuen auf das Kind. Aber ich habe auch Angst vor einer Abtreibung.«

»Abtreibung, das würde ich nie machen«, äußert Milena spontan.

»Abtreibung, niemals, das ist doch Sünde«, pflichtet Marion bei.

»Ist doch Schwachsinn, erst'n Kind machen, und dann umbringen«, meint auch Bernd.

Ich bin erstaunt. Diese verantwortliche, lebensbejahende Einstellung hätte ich bei Schülern, die sich sonst so pessimistisch, oft zynisch äußern, nicht erwartet. Wie ist das zu verstehen?

Angela setzt mir ein Licht auf.

»Wissen sie, wenn meine Mutter abgetrieben hätte, dann gäb's mich gar nicht.«

»Meinen älteren Bruder auch nicht«, sagt Felix, »da war meine Mutter erst sechzehn.«

»Bei uns liegt das sowieso in der Familie«, fährt Milena fort. »Meine Schwester ist siebzehn und ist schwanger, meine Tante hat auch ein uneheliches Kind und meine Mama war auch eines. Wenn man da immer Abtreibung gemacht hätte. Warum treibt man überhaupt ab?« fragt sie, plötzlich nachdenklich geworden.

»Weil das Leben beschissen ist!«

Das war Mario, der sich bisher nicht beteiligt hat. Auch er ist das einzige Kind einer jungen Mutter: Er ist oft in geradezu sadistischer Weise gewalttätig. Obwohl er einen wachen Verstand hat, macht er selten mit, sondern brütet meist umdüstert vor sich hin.

Was mich dazu bringt, gerade ihn besonders gern zu haben, kann ich nicht sagen. Trotz seines ungehobelten Benehmens, seiner unflätigen Sprache und sogar trotz seiner Grausamkeit

Schwächeren gegenüber, geht von ihm etwas wie die Reinheit eines klaren, dunklen Blaus aus. Das mag ganz unverständlich klingen. Und doch ist es so. Auch bei seinem wüstesten Betragen bleibt ein reiner Urgrund spürbar, der von den Turbulenzen an der Oberfäche seines Wesens nie ganz verdunkelt wird.

»Dein Leben ist beschissen?« frage ich zurück.

»Beschissen und zum Kotzen. Jetzt ziehen wir auch noch von Stuttgart weg. Das ist auch so 'ne Art Abtreibung. Verdammt nochmal.«

Es wird gleich klingeln. Dies war die letzte Stunde vor den Ferien, und ich werde diese Klasse im neuen Schuljahr nicht wieder haben. Zum Abschied habe ich für jeden eine Karte, darauf ist abgedruckt eine Inschrift aus dem Warschauer Ghetto:

ICH GLAUBE AN DIE SONNE
AUCH WENN SIE
NICHT SCHEINT
ICH GLAUBE AN DIE LIEBE
AUCH WENNN ICH SIE
NICHT SPÜRE
ICH GLAUBE AN GOTT
AUCH WENN ICH IHN
NICHT SEHE

Jüdische Inschrift
im Warschauer Ghetto

Mario hält seine Karte interessiert vor sich hin.

»Finde ich übrigens echt gut.«

»Du findest die Karte gut?« Welcher Satz ist denn für Dich der wichtigste?« will ich wissen.

»Welcher Satz? Sind mir alle wurscht. Der Stacheldraht, der außen rum gezeichnet ist – den finde ich gut.«

Mit hängenden Schultern verlasse ich die Schule. Zwei Jahre Religionsunterricht in dieser Klasse. Zwei Jahre Ringen um diesen schwierigen Jungen – alles umsonst? Versperrt, zerkratzt die Realität des Stacheldrahtes jede Erfahrung von Liebe?

Zweiter Ferientag. Ich muss gleich zum Zug. Da klingelt es an der Haustür. Ich frage durch die Sprechanlage.

»Hier ist Mario. Ich wollte nur Tschüss sagen.«

Schnell laufe ich noch hinunter. Fast ein bischen betreten steht er da, der große schlacksige Junge.

»Schön, dass ich dich nochmal sehe.«

»Ja. Ich auch. Ich meine, wir ziehen ja nun nach München. Also nochmal Tschüss. Und – übrigens – so schlecht find ich die Karte gar nicht – auch das Geschriebene.«

Wir geben uns die Hand, schauen einander an und grinsen beide – beide verlegen.

Dann geht er, und ich laufe schnell die Treppen hinauf, zwei Stufen auf einmal, – nicht nur, weil ich zum Zug muss.

»Ich glaube an die Liebe, auch wenn ich sie nicht spüre« – und wenn ich sie spüre erst recht!

Sei froh, dass du nur mit der Bratpfanne geschlagen wirst!

Nächste Woche sind Faschingsferien. Zwei bewegliche Ferientage haben uns einen etwas frühen Ferienanfang beschert.

»So 'ne Gemeinheit«, kreischt die kleine Maria, »was fällt denen denn ein! Mitten in der Woche frei und dann auch noch längere Ferien.«

Maria ist ein liebes, etwas mickriges Kind, aber durchaus keine eifrige Schülerin. So bin ich ziemlich erstaunt:

»Hast Du denn nicht gerne Ferien?«

»Nee, ganz bestimmt nicht. Immer, wenn meiner Mutter was nicht passt, geht sie mir mit der Bratpfanne nach.«

»Mit der Bratpfanne? Warum denn?«

»Dafür gibt's keinen Grund, einfach wenn sie besoffen ist. Und das ist sie dauernd. Wenn Papa da ist am Wochenende, nimmt der mich in Schutz. Aber sonst gibt's fast jeden Tag Prügel. Hätten Sie da vielleicht gerne Ferien?«

Kommentar von Dolores: »Sei froh, dass deine Mutter die Bratpfanne nimmt. Mein Vater verprügelt mich mit dem Elektrokabel. Das ist viel schlimmer.«

Ferien. Während wir uns aufs Skifahren, Bergwandern oder das Meer freuen, fürchten sich diese Kinder vor Bratpfanne und Elektrokabel. Andere haben es »besser«; gefragt, was sie in den Ferien gemacht haben, antworten sie: Im Kaufhaus rumgammeln, den ganzen Tag Video gucken.

Ferien, ein Wort und völlig verschiedene Inhalte. Wieweit sprechen wir eigentlich dieselbe Sprache, Lehrer – Schüler: wir leben auf verschiedenen Sternen, so scheint es mir oft, wie kann da Verständigung, Mitteilung, Erziehung womöglich, überhaupt gelingen?

Marco:

»Schulzeit ist besser als Ferienzeit.«

Ich bin erstaunt.

Marco: »Darum geh ich so gern zur Schule – weil, dann muss ich nicht zu Hause sein.«

Meine Mutter – eine Hure

Diana fläzt sich quer über den Tisch: »Ich hab' eben keine Lust auf Religion.«

Ich frage: »Auf was hättest du denn Lust, Diana? Gibt es etwas, was du gerne tust?«

»Nee – ich hab einfach keine Lust – auf nichts – Scheißschule, die ganze Welt ist Scheiße!«

Jetzt hat sie sich aufgesetzt und ihr hübsches Gesicht ist weiß vor Wut und Abscheu über diese Welt.

Ganz plötzlich hat sie Tränen in den Augen.

»Diana, was ist? Hattest du Ärger zu Hause?«

Da bricht es aus ihr heraus:

»Mein Vater sagt immer »Hure« zu meiner Mutter. Das ist so fies von ihm, richtig gemein!«

»Und das tut dir weh, wenn er ›Hure‹ sagt zur Mutter?«

»Aber sie ist ja auch eine Hure, eine verdammte Hure! Ich hasse sie. Ich hasse alle!«

Sie lässt den Kopf auf den Tisch fallen und weint laut. Die Klassenkameraden sind ganz still – eine Stille wie ein Mantel, einhüllend, wärmend. Ich spüre, dass sie Dianas Schmerz und Zorn von innen verstehen; anders als ich es kann.

In den nächsten beiden Stunden lese ich mit ihnen das Märchen von »Hans mein Igel«. Wie ein abgelehntes Kind doch noch sein Glück findet. Sie sind ganz bei der Sache und lassen mich immer wieder in ihr oft abgelehntes Leben hineinschauen.

Der Weg aus unserem behüteten Bildungsbürger-Leben zu diesen Kindern erscheint mir täglich länger.

Interessiert Gott Sie denn auch in der Freizeit?

Mario hatte gestern Geburtstag. Ich suche einen besonders schönen Stein heraus und stecke ihn in das Stoffbeutelchen, aus dem sich jedes Geburtstagskind einen Halbedelstein wählen darf. Ganz fair ist es nicht, denke ich, als ich die kleine Amethystdruse hineinlege, ich bevorzuge ihn; dabei ist er in letzter Zeit so besonders abscheulich, laut und rülpelhaft. Aber ich erinnere mich, wie Mario im letzten Schuljahr immer mit schnaufender Begeisterung danebenstand, wenn ein anderer dran war, wie er die Steine durch seine Hände gleiten ließ, sie gegen das Licht hielt, fragte, ob sie kostbar seien. Nicht sehr kostbar, hatte ich geantwortet. »Macht auch nichts, sie sind trotzdem sehr schön.« Er war eines der ganz wenigen Kinder, die sich für die Namen der Steine interessiert hatten. Rosenquarz, Amethyst, Tigerauge, Carneol, hatte er wiederholt. – Jetzt hat er sich in der Klasse zum Störenfried entwickelt. Trotzdem! So gerne wollte ich einmal wieder etwas wie Interesse, vielleicht sogar Freude, auf seinem Gesicht sehen.

Manchmal vergesse ich das Ritual mit dem Geburtstagsstein, die Kinder müssen mich daran erinnern. Diesmal nicht.

»Mario, du hattest gestern Geburtstag.«

»Na und?«

Ich schütte die Steine auf die Bank.

»Komm, such dir einen aus.«

Er murkst desinteressiert am Kartenständer herum, dreht sich nicht einmal um.

»Mensch Mario – guck mal! – Den würde ich nehmen!«

»So einen tollen! – Ich an deiner Stelle ...«

Alle, außer Mario, umstehen den Tisch und geben Ratschläge.

»Brauch keinen – Wozu auch?« murmelt er und schiebt sich am Tisch vorbei auf seinen Platz.

»Gestern war tolles Wetter. Hast du ein bisschen gefeiert?« frage ich.

»Nee. – Wozu auch?«

»Hast du was geschenkt bekommen?« fragt Laura.

»Nee. – Wozu auch?«

»Gar nichts geschenkt?« wiederhole ich wenig taktvoll.

»Nee. Naja doch. Geld.«

»Wieviel?« will die neugierige Petra wissen.

»Dreihundert Mark.«
»Dreihundert, Mensch! Geil!«, schnauft Sven.
»Weißt du schon, was du dir damit kaufst?«
»Nee. Ist doch egal.«
»Was ist egal, Mario?«, frage ich.
»Alles. Das ganze beschissene Leben.«
Am Nachmittag räume ich mein Steinbeutelchen weg.
Morgen hat niemand Geburtstag. Ich kann mir das zusätzliche Gewicht in der Tasche sparen. Das zusätzliche Gewicht in meinem Herzen ist nicht so leicht wegzulegen.
Was ist los mit diesem Jungen? Seine blanken Augen sind stumpf, seine eher fröhlichen Streiche sind grob geworden, schlimmer, oft brutal. Ich spüre, dass da noch etwas anderes ist, als Sorgen um ihn. Ich bin traurig. Ich habe ihn trotz seiner Unbändigkeit richtig gern gehabt. Hab ich ihn immer noch so gern, diesen destruktiven Bengel?
Inzwischen ist die Sonne untergegangen. Ich knipse die Schreibtischlampe an. Dieser Wust von Heften und Büchern. Was hilft das alles. Wie kann ich mich auf diese Kinder vorbereiten? Was kann ich bewirken? Was verhindern? Religion. Gibt es ein nutzloseres Fach? Eine große Mutlosigkeit überkommt mich. Wozu auch? Ist nicht alle Anstrengung umsonst? Alles egal?
»Alles egal« – genauso hat es Mario gesagt. Hat er mich angesteckt? Resignation auf der ganzen Linie. Im Klassenzimmer zur Hoffnung anstiften! Dazu hatte Wolfgang Huber auf dem Lehrertag aufgerufen. Wie groß muss der Sack voll Hoffnung eigentlich sein, wenn der Beutel voll Edelsteine keinen Funken mehr losschlägt?
Einen Tag später. Es klingelt an der Haustür. Mario steht davor. Er hat einen »Kumpel« mitgebracht. Klitschnass sind beide von einem plötzlichen Regenguss. »Wir kamen zufällig vorbei und da dachten wir …« Sie hängen die Jacken über die Heizung und kommen mit in die Küche. Auf meine Frage, ob sie lieber Saft oder Kakao mögen, sagt Mario: »Ich bin ja jetzt schon fünfzehn.« – »Stimmt. Heißt das, ihr mögt einen Kaffee?«
Dann sitzen wir mit unseren Kaffeebechern im Wohnzimmer.
»Wohnst du denn hier in der Nähe?« frage ich Mario.
»Eigentlich schon.«
»Was heißt eigentlich?« will ich wissen.

»Na ja, letzten Sommer ist mein Vater abgehauen.« Dann war die Wohnung zu groß, jetzt wohnt Mario weiter weg, in zwei Zimmern, allein mit der Mutter – aber die sieht er nicht mehr sehr viel. Die arbeitet jetzt als Kellnerin.

»Und was machst du die ganze Zeit, wenn du alleine bist?«

»Video – was sonst? Bei gutem Wetter geh ich auf die Straße, gucken, ob irgendwo was los ist. Die Scheißausländer. Sie wissen ja.«

»Nein, ich weiß nicht.«

»Die gehören einfach raus, nehmen uns alles weg.«

Ich weiß, dass Marios Vater Ausländer ist, Italiener. Ihn jetzt daran zu erinnern, würde nur unterstreichen: die nehmen uns alles weg; er, der Vater, hat mir alles weggenommen, das vertraute Umfeld, die Wohnung, die Mutter, die abends zu Hause ist.

Ich sehe, dass beide kaum an ihrem Kaffee nippen. Für Schokolade sind sie zum Glück nicht zu alt. – Dann stellt Marios Kumpel fest, er müsse jetzt nach Hause.

»Na ja«, sagt Mario, »also gehen wir«.

In seiner Stimme liegt die ganze Hoffnungslosigkeit eines Menschen, der nicht »nach Hause muss«, weil da niemand ist, der ihn erwartet, niemand, der sich freut oder wenigstens ärgert, wenn er kommt.

Ich hole ihre immer noch feuchten Jacken. Mario hat ein Buch in die Hand genommen, das auf dem Tisch liegt: »Die Sache mit Gott« liest er laut.

»Sagen Sie bloß, Sie interessieren sich auch in Ihrer Freizeit für Gott.

»Ja, tu ich.«

»Na ja«, meint er. »Wir müssen jetzt gehen. Und danke auch für den Kaffee.«

»... bis uns endlich die Polizei erwischt hat«

Wir haben die Unterrichtseinheit »Eigeninteresse – Gemeinschaftsinteresse«.

Lügen. Wann lügt man? Wir haben alle schonmal gelogen. Stehlen. Haben wir auch schonmal gestohlen? Was ist der Unterschied zum Klauen?

Alle sind lebhaft beteiligt und haben erstaunlich viel beizutragen. Schließlich Mario (ein eher ruhiger und freundlicher Schüler):

»Ich hab' sicher am meisten geklaut von allen. Es war eher gestohlen. Wenn man für zweitausendachthundert Mark klaut, dann ist es doch gestohlen, oder?«

Ich denke, er gibt an, oder er will uns aufs Glatteis führen.

»Na, Mario! Für zweitausendachthundert? Und woher weißt Du das so genau?«

»Weil das Gericht es festgestellt hat. Ich war schließlich dreimal vor Gericht.«

Und dann erzählt er die ganz unglaubliche – aber schließlich ganz und gar wahre Geschichte:

Vier Halbwüchsige haben drei neunjährige Buben angeheuert und ihnen systematisch das Stehlen in Kaufhäusern beigebracht.

»Sie sind mit uns durchgegangen und haben uns die Sachen gezeigt, die wir klauen müssen: Uhren, Walkmen und Taschen und so Zeug. Und dann haben sie sich an den Türen aufgestellt, bis wir fertig geklaut hatten, und sie haben gesagt, wenn wir abhauen oder sie verpetzen, schneiden sie uns den Bauch auf. Einmal hat der Peter geheult und gesagt, er will nicht mehr, da haben sie ihn auf ihre Bude genommen und nackt ausgezogen. Da hatten wir alle so Angst, dass wir alles gemacht haben, was die wollten – bis uns endlich, endlich die Polizei erwischt hat. War ich froh!«

»Warum warst du froh?«

»Weil, ich hatte immer Angst. Vor den brutalen Kerlen und im Kaufhaus und nachts und immer.«

»Wann war denn das alles?«

»Ungefähr vor zwei Jahren.«

»Und wann bist du an diese Schule gekommen?«

»Ungefähr vor zwei Jahren.«

»Was war zuerst, die Stehlerei, oder dass du die Schule gewechselt hast?«

»Weiß ich nicht mehr. Ist doch wurscht, oder? Hauptsache ich habe keine Angst mehr.«

(Von den vier Halbwüchsigen kamen drei ins Gefängnis, einer wurde in die Türkei abgeschoben.)

Reflexionen

»Nützt es, wenn man betet, dass man nicht mehr in die Hose macht?«, fragt die siebenjährige Sarah. Und ich antworte: »Nein«. »Ich will aber trotzdem beten, und du sollst mich festhalten.«

In diesem kurzen Dialog eines verzweifelten Kindes und einer hilflosen Erwachsenen offenbart sich Gottes Ohnmacht und Gottes Macht: Die schmutzige Hose und die Angst vor Prügel wird er nicht abstellen, aber: Wir können einander festhalten. Wir können uns in die Arme nehmen, uns anschauen, wir können die Angst und den Gestank für zwei Minuten vergessen und im Geheimnis der Nähe ihn für zwei Minuten erfahren.

Die Geschichten, die ich in diesem Kapitel zusammengestellt habe, sind nichts weniger als erbaulich. Weil ich sie nicht – oder kaum – geschönt habe, sind sie grob bis in die Sprache hinein. Kinder, die glauben, dass sie »sowieso mal Verbrecher werden«, weil sie doch zu nichts taugen, die ihren Vater einen »gemeinen Hund« nennen, denen es nichts macht, wenn sie selbst »verrecken«, wo die Welt doch »sowieso kaputt« ist und die Zukunft »nichts als Scheiße« bringt, diese Kinder leiden am Leben in einem Maß, das unsere Vorstellungen übersteigt. Wer sich ihnen aussetzt, das heißt, es nicht bei frontaler Stoffplanerfüllung belässt, wird an die Grenzen eigener Leidensfähigkeit gebracht. Für mich gibt es nur eine Rettung: Auch im schwierigsten Kind das besondere Kind zu suchen.

Neben den alltäglichen Eindrücken von Gewalt im Krieg, im Fernsehen und in der Familie, machen viele Kinder die Erfahrung einer völligen Orientierungslosigkeit ihrer Eltern. Die Verbindlichkeit bestimmter Lebensformen oder gar Verhaltensregeln kennen sie kaum. Auf die Frage »Wann wird bei Euch gegessen?«, antwortet eine Achtjährige: »Was meinen Sie, wann? Jeder holt sich was aus dem Kühlschrank, wenn er Hunger hat.« – »Als ich meinem Papa die geklaute Wasserpistole gezeigt habe, hat er nur gelacht«, erzählt ein Junge in der gleichen Klasse.

Diese Beliebigkeit, womöglich gar als freiheitliche Erziehung verstanden, führt die Kinder in eine verstörte Haltlosigkeit und macht sie teilweise immun gegenüber Schuld- und Schamgefühlen. Sie erleben sich nicht als Freie, sondern als Ausgesetzte. Ausgesetzt in einer Wüste ohne Wege, ohne Landmarken und Begrenzungen. Nur so kann ich mir auch erklären, dass sie das unumstößliche Ritual von Anfangsgebet und Schlusssegen so bereitwillig akzeptieren: Geborgenheit innerhalb fester Regeln. Mit dem Orientierungsverlust geht meist Hand in Hand ein völlig verkümmertes Selbstwertgefühl. Wer statt Zuwendung einen eigenen Fernseher oder ein Computerspiel bekommt, erhält gleichzeitig die Botschaft: du interessierst mich nicht besonders, mit dir lohnt es sich nicht. So gehen sie mit ihrem Video ins Bett – und das ist nicht im übertragenen Sinne gemeint – ziehen sich zum Einschlafen noch einen Ekel-Schocker rein und verbringen ihren Sonntag mit Computerspielen, bei denen sie durch geschicktes Killen sich vorbereiten auf das Leben in einer pervertierten Gesellschaft: hohl und brutal. Und am Montag kommen sie wieder in die Schule. Die Jüngeren sagen oft unumwunden, wie schön sie es finden, dass das Wochenende oder gar die Ferien um sind. Die Schule als wohltuender Ort von Zuwendung und festen Regeln.

Je älter sie werden, umso schwieriger wird es, die außerschulischen Erfahrungen abzuschütteln. Bei einigen frage ich mich, ob sie die Gefühle von Liebe, auch von Reue oder Scham überhaupt noch kennen; welche Gefühle, außer Ohnmacht, Langeweile und Hass?

»Weißt Du, wie das ist, überflüssig zu sein?
Wenn Du den Hass nicht runterschlucken kannst?
Weißt Du, wie das ist?
Wenn Du diese ganze beschissene Welt
einfach in die Luft sprengen möchtest?

Und wenn Dich nur noch die Angst davon abhält …
Sei froh, wenn Du das nicht kennst.
Aber höre auf, mit mir dusslig zu quatschen.
Über Anstand und Moral und so einen Mist!
Weißt Du denn überhaupt, wie das wirklich ist?
Wenn nichts Großes mehr im Leben passiert?«

(Harald Lämmel, 1992)

»Gib es auf, das ist doch Nihilismus total!«, rät eine Freundin. – »Ist es nicht«, anworte ich. Solange diese Kinder daran leiden, kann ich sie noch erreichen. »Wer nicht leiden kann, muss hassen«, sagt H.E. Richter. Das Recht auf Angst und Trauer: Religionsunterricht als Raum, in dem Leiden zugelassen wird. Eine neue Definition? Wir sollten es damit probieren. Wieviel Leiden wird zugelassen in den Geschichten des Alten und Neuen Testaments! Rezepte gegen das Leiden finde ich nirgends. Erzählungen, wie Jesus das Leiden anschaut, ihm nicht ausweicht, den Leidenden berührt, solche Erzählungen finde ich viel.

Dem Tod begegnet – und allein gelassen

Gestorben? – Verreckt ist der!

Verweint kommt Lisa in die Schule. Ihr Freund, ja, der mit den Drogen, ist gestorben. Letzte Woche.

»Gestorben? – Verreckt ist der. Jämmerlich verreckt«, zischt Philipp brutal.

»Ich will nicht, dass du so sprichst«, unterbreche ich ihn.

»Verrecken? Wieso? Verrecken ist doch ein gutes Wort. Weil ich selber eines Tage verrecke. Und vielleicht schon bald.«

»Warum glaubst du das?«

»Weil ich 'ne Schlägerei will. Draufschlagen!«

»Und wen willst du schlagen?«

»Mir doch egal. Ist völlig egal. Wenn mir jemand schief kommt, irgendeiner, dann haue ich ihm in die Fresse und mache ihn alle. Dabei kannste auch selber draufgehen. Egal. Verrecken oder nicht. Hauptsache schlagen. – Am besten mit den Lehrern anfangen«, fügt er aggressiv hinzu und schaut mich aus zusammengekniffenen Augen an.

Ist das Hass? Verzweiflung? Ohnmacht?

Den gleichen Blick habe ich doch schon einmal gesehen. Ich erinnere mich. Auf einer Farm in Afrika. Man hatte einen jungen Leoparden leicht verletzt eingefangen. Jetzt sass er in einem Käfig: nutzlose Kraft, verwundete Schönheit, wilde Ohnmacht. Gnade uns, wenn der Leopard seinen Käfig sprengt, so hatte ich damals gedacht.

Blicklos hat Lisa die ganze Zeit über zum Fenster hinausgeschaut.

»Magst du uns von deinem Freund erzählen?« frage ich sie.

Sie schüttelt den Kopf.

»Aber, er hat einen Zwillingsbruder. Niemand konnte sie unterscheiden. Der mag mich auch.«

»Und du ihn?«

»Ich weiß nicht genau. Aber meine Eltern erlauben es nicht – dabei hat der gar nichts mit Drogen. Er sieht nur genauso aus wie mein Freund. Als würde er leben.«

»Was passiert eigentlich mit der Liebe, wenn jemand tot ist? Nicht im Film – in Wirklichkeit?« will Bianca wissen.

»Man kann doch niemand lieben, den es gar nicht mehr gibt.« Für Freddy ist das klar.

»Aber meinen Freund gibt's noch – irgendwie jedenfalls«, widerspricht Lisa und beginnt wieder zu weinen.

»Höchstens in der Erinnerung. Oder?« Freddy schätzt einfache Antworten.

»Ich glaube, dass die Seele, das innere Wesen von einem Menschen, nie stirbt«, sage ich, mehr zu Lisa als zu Freddy.

Am Ende der Stunde – ich hatte gegen heftigen Protest darauf bestanden, dass Philipp seinen Walkman abnimmt und sich nicht zudröhnen lässt – fragt ausgerechnet er: »Haben wir morgen eigentlich Reli oder fällt sie aus?«

»Nein, Religion fällt nicht aus.«

»Gut«, sagt Philipp befriedigt und geht hinaus.

Kopfschüttelnd sehe ich ihm nach.

In der Pause spreche ich mit einer Kollegin. Philipps Mutter starb als er zwei war. Er ist in verschiedenen Heimen aufgewachsen. Trotzdem, das war so ein netter Kerl, als er klein war, sagt sie. Jetzt wird er immer brutaler, er hat einen richtigen Hass auf's Leben.

»Ist er immer noch im Heim?« frage ich und erfahre, dass er seit einem halben Jahr beim Vater lebt, der stolz darauf ist, dass sein Sohn mit vierzehn schon ein richtiger Mann ist, mit Sex und Zigaretten Bescheid weiß und sich wehren kann.

Wie wehrt sich einer, der gefangen ist und verwundet?

Wenige Wochen darauf ist Philipp verschwunden. Er wurde an der holländischen Grenze aufgegriffen und zurückgeschickt.

Unregelmäßig kam er wieder zur Schule. Dann verschwand er ganz. Das war vor einem Jahr.

Der hat das Leben wenigstens hinter sich

Erste Stunde Religion. Doris, ein hübsches, hellblondes Mädchen, sitzt in einer Ecke, will nicht aufstehen und an ihren Platz kommen. Sie mault, krümmt sich, sie habe Schmerzen.

»Hast du was Falsches gegessen?«
»Nee. Ich habe meine Tage.«
»Ist das immer so schlimm bei dir?«
»Wie soll ich denn das wissen? Ist doch das erste Mal.«
»Du, Doris, dann ist ja heute ein ganz besonderer Tag.«
»Kann ich drauf verzichten. Ich find's einfach Scheiße.«
Sie legt sich auf die Bank und weint.
»Sag mal, was ist denn nun so schlimm daran?«
»Wenn Sie's wissen wollen: Ich kann dann doch nicht mehr mit meinem Freund schlafen – sonst kriege ich doch ein Kind.«
Doris ist dreizehn.
»Du schläfst schon mit deinem Freund?«
»Klar. Sonst lässt er mich sitzen. Außerdem ist er der Einzige, der nett zu mir ist. Meine Eltern sind sowieso zum Kotzen.«
Einige Wochen später. Wieder die erste Stunde. Doris steht am Fenster und starrt hinaus. Schneeweiß ist sie. Seltsam mechanisch sind ihre Bewegungen, als sie sich hinsetzt. Wir beten: »Von guten Mächten ...« Doris murmelt etwas vor sich hin.
»Was sagst du?«
»Ist doch alles gelogen. Ich glaub das nicht – geborgen. Von wegen geborgen! Mein Freund – mein Freund – der ist tot.«
»Tot? Dein Freund?«
Alle sind erschreckt. Da böllert Jens los: »Tot. Na ja. Abgekratzt. Schlägerei, stimmt's? Der hat's jedenfalls hinter sich – dies ganze beschissene Leben.«
Doris schaut ihn an. Tonlos sagt sie: »Aber ich nicht.«
»Wann ist die Beerdigung?« frage ich.
»Morgen.«
»Gehst du hin?«
»Darf nicht. Die Eltern haben's verboten. Wegen Drogen – und so.«
»Soll ich deine Eltern mal anrufen und mit ihnen sprechen?«
»Geht nicht. Wir haben kein Telefon mehr.«
»Und wenn ich nach der Schule mit dir heimgehe?«
»Nein! Bloß nicht! Bitte nicht!«
Sie ist rot geworden, schämt sich und möchte ganz offensichtlich nicht, dass ich die Eltern kennenlerne.
Am nächsten Tag im Lehrerzimmer. Die Klassenlehrerin ist sichtlich verärgert. Mit Doris wird es immer schlimmer. Die

ersten drei Stunden war sie in der Schule und dann haut sie einfach ab – ohne Entschuldigung. Diese Schwänzerei darf gar nicht erst einreißen.

»Wissen Sie nicht, dass ihr Freund gestorben ist? Vielleicht ist sie zur Beerdigung.«

»Ihr Freund? Kein Wort. Warum sagt sie denn nichts?«

»Ist das die Geschichte mit der Eisenstange im Schlosspark?« fragt ein Kollege, der in der Tageszeitung blättert, »na ja, in dem Milieu ...«

Am nächsten Tag ist sie wieder in der Schule. Abweisend und verschlossen. Trotzdem frage ich: »Warst du bei der Beerdigung?«

Sie nickt.

»Wissen Sie was, so'n Zufall, der Pfarrer hat ausgerechnet unseren Psalm gesagt.«

Herr, du erforschest mich
und kennest mich ...
Wohin soll ich gehen vor deinem Geist?
Und wohin soll ich fliehen vor deinem Angesicht?
Führe ich 'gen Himmel, so bist du da;
bettete ich mich bei den Toten,
siehe, so bist du auch da ...

»Sie glauben, dass Gott bei ihm ist?«

»Ja. Das glaube ich.«

Nachdenklich geht Doris auf ihren Platz.

Mein Vater – das Gespenst

Berto ist ein sonderbarer Junge. Auch an einer »Sonderschule«, wo es viele sonderbare Kinder gibt, fällt er auf, vor allem seine in dem sehr blassen Gesicht immer weit aufgerissenen Augen.

Ich habe mich schonmal gefragt, warum er an dieser Schule ist, denn im Gegensatz zu vielen seiner Klassenkameraden liest und schreibt er sehr ordentlich – wenn er liest oder schreibt.

Oft hält er mitten im Satz inne und starrt mit entsetzengeweiteten Augen vor sich hin, das heißt nach oben. Wenn man ihn dann anruft, reagiert er jähzornig und unflätig, wirft seine Stifte herunter, verpasst dem Schulranzen einen Tritt oder schmeißt den Nebensitzer vom Stuhl.

Im Herbst erzählt Otto der Klasse vom Volksfest, wie er mit seinem Papa ... Da unterbricht ihn Berto und sagt: »Mein Papa tut auch immer ...«

»Angeber! Hast ja gar keinen!«

»Wohl hab ich einen!«

»Hast keinen.«

»Sag das nochmal.«

Natürlich sagt Otto es noch einmal und im Nu ist eine wüste Schlägerei im Gang.

Nachdem die Ruhe wieder hergestellt ist, versuche ich das Thema von dem vielleicht abwesenden Vater noch einmal aufzunehmen.

»Jedes Kind hat einen Papa. Aber manchmal geht er fort, dann ...«

Berto unterbricht mich:

»Mein Papa ist aber nicht fort, der ist nämlich immer da, weil, der ist ein Gespenst.«

Trotzig und triumphierend zugleich schaut er mich an.

»Kannst du mir erklären, wie du das meinst?«

Berto steht von seinem Platz auf.

»Das ist nämlich so. Mein Papa und ich, wir sind zusammen im Auto gefahren und dann ist mein Papa gegen den Baum gerast, und dann war alles voll Blut. Und dann ist noch das Auto verbrannt und mein Papa auch. Man hat ihn gar nicht mehr erkannt.«

Trotz seiner hastigen Rede ist er noch blasser geworden.

»Und du? Warst du dabei?«

»Ja.«

»Und du bist nicht verletzt?«

»Nee.«

In der Pause spreche ich mit der Klassenlehrerin. Ja, das mit dem Unfall stimmte, nur Berto sei nicht mit dabei gewesen, das sei halt seine fixe Idee, in die er sich immer aufs Neue hineinsteigere. Die Mutter war noch im gleichen Monat zum Freund ihres verunglückten Mannes gezogen und sei von der Situation völlig überfordert. Berto war in der ersten Klasse auf der Grundschule gewesen und in keiner Weise auffällig. Nach dem Unfall habe er begonnen, die absonderlichsten Geschichten von seinem Vater zu erzählen, mit dem er sich anscheinend unterhalte.

Besorgnis erregend war vor allem, dass er über ein Jahr lang ständig bei Rot über die Straße gegangen und offenbar absichtlich vor fahrende Autos gelaufen sei. Gespräche mit der Mutter hätten nichts gebracht – so sei er halt auf die Sonderschule gekommen. Abgesehen von gelegentlich fixen Ideen und seinem Jähzorn, wenn irgendwo ein Thema mit »Papa« vorkäme, sei es schon viel besser mit ihm geworden.

Gestern gab es wieder Aufregung um Berto. Er kam zu spät zum Unterricht und zog unter seinem Anorak ein etwa fünfzig Zentimeter hohes Holzkreuz mit Kruzifix hervor.

Auf meine Frage, wo er das her habe, antwortet er rasch:

»Von zu Hause, wir haben viele davon. Aber dies« fügt er hinzu »dies ist noch nicht ganz richtig.« Er nimmt eine rote Wachskreide und malt dem hölzernen Kruzifix große rote Wundmale.

»Darfst du denn das?«

»Ja. Das muss ich sogar. Wenn einer tot ist, dann ist alles voll Blut.« Er schmiert den ganzen Körper voll.

»Jetzt ist es genug«, sage ich, und will es ihm wegnehmen.

»Nein«, protestiert er, »das ist doch ein Geschenk für Pedro, weil, der hat auch keinen Papa. Darum hab ich ihm den Gott mitgebracht – auch wenn sie den leider totgemacht haben.«

Feierlich überreicht er Pedro seinen toten Gott. Ebenso ernst und feierlich nimmt Pedro dieses gewichtige Geschenk an. Kurz hält er das Kreuz aufrecht vor sich hin, dann legt er es in seine Arme – wie man ein schlafendes Kind hält. Beide Jungen sind für den Rest der Stunde ernst und aufmerksam bei der Sache. (Leider gab es ein sehr tränenreiches Nachspiel, da das Kreuz nicht von zu Hause, sondern aus der Schulbücherei stammte.)

Berto ist ein Kind, das mit dem plötzlichen und besonders grauenhaften Unfall seines Vaters allein gelassen war. Niemand hatte mit ihm gesprochen, auch zur Beerdigung hat er nicht mitkommen dürfen, und so war er sich selbst überlassen. Der Unfalltod seines Vaters wurde fast zur Besessenheit. Weil er ganz einsam war, ist sein toter Vater als »Gespenst« zu seinem ständigen Begleiter geworden.

Von der Ecke hinter dem Papierkorb

Gert ist für einen Zweitklässler sehr klein und zart. Seine ernsten großen Augen werden durch die Brille noch riesiger und verleihen ihm den Ausdruck eines vergeistigten Studentleins. Völlig unvergeistigt hingegen ist sein Betragen. Er knallt die Klassenzimmertür, wirft den Ranzen hin und lässt sich auf den Stuhl fallen. Kopf auf die Arme. Wenn ich dann eine Geschichte erzähle, schaut er meist auf und hört zu. In seinem Blick ist Hoffnung, Sehnsucht, bohrende Frage. Ich kenne seine Frage nicht – wie können wir uns da auf die Suche nach einer Antwort machen?

Und dann das immer gleiche Ritual. Seine Augen verdunkeln sich plötzlich, die kleinen Lippen sind fest aufeinander gepresst, er steht auf – und geht.

Geht einfach aus der Klasse heraus, den Flur entlang, durch das Treppenhaus hinunter. Manchmal laufe ich ihm nach, hole ihn ein, bringe ihn zurück. Fünf oder zehn Minuten hält er's aus, dann geht er wieder davon.

Es ist aber nicht nur dieser eine, es sind zwölf Schüler in dieser Gruppe. Irgendwann reicht es mir, und ich schließe die Klassenzimmertür von innen ab. Trotzdem ist Gert plötzlich wieder verschwunden. Die Tür zum Nebenraum!

Gert sitzt am Boden in der Ecke. Als er mich sieht, will er weglaufen. Ich halte ihn fest, er keucht und strampelt, aber ich bin stärker, halte ihn einfach, sitze mit ihm am Boden. Plötzlich wird sein sperriges Körperchen weich und er fängt an zu schluchzen.

Die anderen Kinder kommen herein. Ich schicke sie zurück in die Klasse. Sie sollen malen. Gert hat sich jetzt wie ein Kätzchen auf meinem Schoß zusammengerollt und weint bitterlich. Ich höre die anderen nebenan toben. Dann toben sie eben heute mal, denke ich – und bleibe mit Gert im Arm in der Ecke hinter dem Papierkorb sitzen. Er sagt einzelne Wörter.

»Gert, ich verstehe dich nicht.«

»Der Papa – der Papa – wo doch mein Papa …«

»Was ist mit deinem Papa?«

»Mein Papa … der hat doch … der ist doch ins Krankenhaus …«

»Dein Papa ist krank?«

»Ja – und die Tante hat gesagt … weil sein Herz … weil, weil er doch schon so lange … dass, dass … mein Papa …«

Gert kann nicht weitersprechen.

»Du hast Angst, dass dein Papa stirbt?«

Er richtet sich auf, hört auf zu weinen und sagt klar und deutlich:

»Ja.«

Es klingt sonderbarerweise fast erleichtert. Wir stehen auf, ich nehme ihn an der Hand und wir gehen zu den anderen in die Klasse zurück. In dieser Stunde malt Gert zum ersten Mal wie die anderen Schüler ein Bild in sein Heft.

An die Stelle des Weglaufrituals ist jetzt ein neues getreten. Er kommt am Stundenanfang spornstreichs auf mich zu. Ich hocke mich so hin, dass unsere Augen in gleicher Höhe sind und frage ohne Einleitung: »Wie geht's deinem Papa?« Dann kommt meist genauso direkt: »Ihm geht's schlecht.« Dabei lässt Gert den Kopf nach vorne fallen, als wäre er abgeknickt.

»Und wie geht's dir?« frage ich dann.

»Ich hab' Angst« sagt er leise.

»Du hast Angst, dass dein Papa stirbt?«

»Ja«, sagt er und schaut mich dabei an.

»Dann setz dich jetzt auf deinen Platz« sage ich ohne Überleitung; fast brutal könnte es einem Beobachter erscheinen. Doch Gert geht zufrieden zu seinem Stuhl.

Seit wir so unsere Stunden beginnen, läuft Gert nicht mehr weg und macht manchmal sogar im Unterricht mit.

PS.: Vor zwei Wochen hatte ich eine große Enttäuschung. Gert war nicht im Unterricht. Ich fragte seine Klassenlehrerin nach ihm. »Gert hat jetzt endlich einen Platz auf einer E-Schule bekommen.«

»E-Schule – warum denn das?«

»Sie wissen ja, eine Schule für besonders erziehungsschwierige Kinder. Das mit seiner Weglauferei wurde ja immer schlimmer. Die Verantwortung können wir nicht übernehmen.«

Nicht gestorben – aufgehängt hat er sich

Helga ist ein riesiger Hefekloss von Mädchen. Ich schäme mich ein bisschen, dass ich mit ihr so gar nichts anfangen kann, viel weniger als mit jedem schlimmen Lausebengel.

Helga stört nie, sagt nie was, liegt meist auf der Bank, wie ein schlaffer Berg.

An diesem Tag kamen alle später in die Stunde. Sie hatten einen Vertreter der Anonymen Alkoholiker in der Schule. Sie sind sichtlich umgetrieben und wir sprechen weiter über das Thema. Als Ramona lautstark äußert: »Alle versoffenen Kerle sind Saukerle«, versuche ich behutsam zu formulieren:

»Es sind oft ganz empfindsame Menschen, die eine so zarte Seele haben, dass sie mit dem schwierigen, harten Leben nicht fertig werden.«

»Sie, Frau Hermann, das stimmt.« Das war Helga. Zum ersten Mal in diesem Schuljahr hat sie sich geäußert.

»Mein Papa, wissen Sie, das ist der liebste Mensch. Keiner ist so lieb wie der, alles hat man bei ihm dürfen, und Geld hat er einem auch immer gegeben. Mein Papa hat nie kein Schlag getan, nur die Mama, die schimpft immer und prügelt einen, wo sie kann. Ich wünschte sie wäre tot anstatt dem Papa.«

»Dein Papa ist gestorben?«

»Nicht gestorben. Aufgehängt hat er sich, im Garten, letzten Herbst. Und ich hab ihn gefunden. Wie der ausgesehen hat.« –

Helga starrt vor sich hin. Alle Schüler sind still, betroffen.

»Und jetzt ohne Papa bist du sehr alleine?«

»Nein, das bin ich nicht. Ich hab nämlich vier feste Freunde.«

»Vier gleich. Warum denn vier?«

»Wenn der eine mich verprügelt, hau ich ab und geh zum nächsten.«

Zwei Wochen später fehlt Helga.

»Ist sie krank?« frage ich.

»Ach was, krank. Abtreibung, das ist alles.«

Ob's stimmt weiß ich nicht, und ich bemühe mich auch nicht, es herauszufinden. Es könnte stimmen, und das ist das Bedrückende.

Das war im letzten Schuljahr. Helga kommt nicht mehr in die Schule. Aus der Not einer unbegleiteten Trauer um den offenbar warmherzigen und gutmütigen Vater flieht sie in die Arme so genannter »fester Freunde«. Dass sie sie jetzt schon prügeln, lässt vermuten, dass sie sich Freunde wählt, die Alkoholprobleme haben.

»Kind und Tod« steht auf dem Ordner, den ich im Lehrerzimmer vergessen habe. – »Haben sie mit so etwas zu tun?«, fragt ein Kollege. »Das ist ja ein schreckliches Thema. Geradezu pervers.« Pervers hat er gesagt und sich geschüttelt.

Pervers heißt »falsch herum«, etwas, das einfach nicht vorkommen dürfte. Und wenn es doch vorkommt, dass der Tod in Kinderleben einbricht, dann glauben wir, die Kinder zu schützen, indem wir sie fernhalten: Mit ihren Fragen und Ängsten und auch mit ihren oft grausigen Phantasien bleiben sie allein. Manche Kinder spüren, fühlen ganz deutlich, dass ein Gestorbener nicht einfach tot und weg ist, dass es Nähe gibt, und es liegt an uns, ob diese Erfahrungen zu einem Gefühl tröstlicher Begleitung oder grausigen Verfolgtseins werden. Der verdrängte Tod bedrängt, schnürt Leben ab.

Was kann man einem Kind schon über den Tod sagen? Unser Sprechen ist vielleicht weniger wichtig als unser Hören, Hören auf die Fragen, die Vorstellungen, die ein Kind über den Tod hat. – Ein schwerkranker Zwölfjähriger, der sagt, er wünschte, er wäre in Dachau gestorben, dort habe man doch wenigstens über seine Ängste sprechen können, macht die Not der Sprachlosigkeit deutlich.

Wenn wir den Tod in seiner Tabuecke lassen, verkümmern die Kinder in ihrem Menschsein. Dagegen werden ihre Hoffnungskräfte nicht gekappt, sondern können sich entfalten, wenn wir mit ihnen all die Todeserfahrung anschauen. »Mitten im Leben sind wir vom Tod umgeben«: Der Tod gehört dazu, der dunkle Zwillingsbruder, aber sieh mal, dadurch wird das Leben nicht ärmer, nicht blasser. Es ist reicher, kostbarer und farbiger, wenn wir nicht unsere Lebenskraft verschwenden, um den Tod auszuklammern. All das spreche ich nicht, ich versuche es zu tun; immer dann, wenn der dunkle Bruder im Klassenzimmer steht, nicht ihn verscheuchen, sondern ihn einladen, eine Weile zu bleiben.

Die Erfahrung von schlimmem Tod trifft oft auf die Erfahrungen von schlimmem Leben. Dann öffnen sich Abgründe von Trauer und Todesangst, zu tief, zu dunkel auch, als dass sie sich nachträglich ans Licht holen und aufschreiben ließen. So ist die Zahl der Geschichten zu diesem Thema besonders klein. Das steht im Gegensatz zu der Beobachtung, dass überproportional viele gescheiterte Schüler solche Kinder sind, die Tod oder Sterben erlebt haben und damit allein gelassen wurden. Vereinfacht ausgedrückt: Nicht begleitete Todeserfahrung wird zur Lernbehinderung.

Olli geht meist gekrümmt. Wie unter einem viel zu schweren Rucksack. Jetzt erfahre ich, dass seine Mutter im Alkoholkoma liegt. Wenn auf die alltäglichen Lebenslasten ein so großer und schwerer »Stein« draufgepackt wird, dann ist es ein Wunder, dass ein solches Kind überhaupt noch steht. Zu erwarten, dass es mit dieser Last zügig voranschreitet, womöglich bergauf, gesteckte Ziele erreicht, das käme uns auf einer Gebirgswanderung nie in den Sinn. Wir würden ihn ermutigen, den Rucksack einmal abzustellen, zu öffnen, und, wenn er uns einlädt, miteinander hineinschauen. Was hast du denn da auf dem Grund? So vieles. Brauchst du auf deinem Weg alles, was so schwer ist, oder magst du mir etwas davon geben? Ich kann dir nicht den ganzen Rucksack abnehmen und auch den Weg nicht ersparen, aber erstmal können wir miteinander rasten. Anschauen und sortieren, so kann Begleitung in der Trauer aussehen.

Verhinderte Klage verhindert das Leben – und damit das Lernen. Wir müssen also der Trauer einen Raum schaffen.

Dabei müssen wir darauf gefasst sein, dass Trauer oft gar nicht »traurig« aussieht. Es sind die am tiefsten verletzten und die älteren Kinder, bei denen geronnene Trauer und vergrabene Todesangst oft in giftigem Zynismus an die Oberfläche schießt. Da geht es nur um Wahrnehmen und Aushalten. Gutgemeinte Tröstungen oder religiöser Zuspruch kommen in dieser Situation einer Missachtung der Trauer gleich und gehen bestenfalls ins Leere.

»Das Geheimnis der Liebe ist Anwesenheit« (Steffensky) – Ich weiß nichts anderes. Und ich weiß auch: Wer nicht hören kann, weil Schmerz und Wut ihm die Ohren verkleben, kann doch fühlen, ist oft besonders »hellfühlig«.

Sterben ist in unserer Gesellschaft längst nicht mehr eine Angelegenheit der Gemeinschaft, so wenig wie die Trauer. Im Wahrnehmen von Gefühlen, im Zulassen von Klage und Anklage, in der Kommunikation, bringen wir Sterben, Tod und Trauer wieder dahin, wo sie hingehören: in unsere Mitte. – Erst vor kurzem ist mir aufgefallen, dass Kommunikation und Kommunion wortverwandt sind. Kann Kommunikation so geschehen, dass wir das Unbegreifbare miteinander teilen und darin erfahren, dass wir Menschen sind mit einem doppelten Heimatrecht. Hier auf der Erde und im Geistigen, im Göttlichen? Kann die finstere Grube unseres Trauerschmerzes zum Tunnel werden – Weg durch das Dunkle, an dessen Ende ich den Ausgang schon sehe, weil es wieder lichter wird? Wenn wir miteinander das Hellerwerden erkennen, ist das Auferstehungserfahrung. – Ich habe gezögert, dieses große Wort hier hinzuschreiben, aber ich weiß kein richtigeres: Wenn nach dem Karfreitagsgeschehen von Tod und Verzweiflung, nach der Seelenleere des Karsamstags, wenn dann Leben doch wieder möglich wird, dann ist das Ostern. So kann gerade die Erfahrung von Sterben und Tod zur Erfahrung des eigenen unsterblichen Wesens werden.

Klingt alles sehr schön, sagt eine Kollegin. Vielleicht ein paar Nummern zu groß. Aber kann man außer Zuhören, Aushalten, Dasein auch etwas tun, etwas Praktisches vielleicht? Ja, denn natürlich kann und sollte man die Grenze von der Pädagogik zur Seelsorge auch immer wieder in umgekehrter Richtung gehen.

Interessant kann es sein, mit allen Kindern zu malen. Vielleicht erzählt uns eines etwas zu seinem Bild, vielleicht gelingt es uns, über Farben und Symbole mit ihm einzutauchen in einen Bereich, den Worte kaum erreichen. – Erzählen Kinder uns ihre Träume oder Phantasiegeschichten, so erhalten wir manchmal Hinweise auf ihre Auseinandersetzung mit dem Sterben. – Auch das gemeinsame Hinschauen auf die Jahreszeiten und die Natur, ihr Keimen, Blühen, Reifen, Welken und wieder neu Keimen und Wachsen, kann Vertrauen in eine weisheitsvolle Ordnung geben. – Die Verwandlung der Larve in die Libelle, das Werden eines Schmetterlings gehören zu den bekannten und hilfreichen Bildern.

Eine besondere Behandlung des Themas Tod verdanken wir einem kalten Wintertag. Viele aus der fünften Klasse waren krank. Die Dop- pelstunde und die überschaubare Gruppe von neun Kindern verlockte zu einer Unternehmung. Waldfriedhof – die Vormittagsstille eines Wintertages, die schmalen Wege zwischen den verschneiten Gräbern, Kreuze und Gedenksteine, Helden und Engel, dann ein buntes Windrädchen auf einem Kindergrab – viele Fragen, Entziffern von Inschriften, ernstes Sprechen: Totsein, wie fühlt sich das wohl an? Plötzlich fröhliches Kreischen, und im Nu ist eine Schneeballschlacht in vollem Gange. »Schluss damit, ihr müsst aufhören!« – »Warum? Stört das etwa die Toten?« – »Nein, aber die Traurigen.« Danach ist es nur noch das große Gräberfeld der Soldaten aus den Weltkriegen, das sie wirklich interessiert. »Jedes Kreuz ein toter Mensch? Schwachsinn, diese Kriege!« Ich blase zum Rückweg. Ganz schön verfroren sind wir inzwischen doch. Kurz vor der Schule gibt es eine Bäckerei – ja, die Zeit reicht noch. Wir drängeln uns in die nahrhaft duftende Wärme. Jeder bekommt eine noch warme Schneckennudel; schmeckt köstlich. Als die meisten fertig gegessen haben, schicke ich sie zur Schule hinüber: »Also, tschüs, bis nächste Woche.« – »Soll das der Schluss sein? Wir haben noch keinen Segen gesagt«, moniert Agron. »Stimmt, aber wir waren ja auch nicht im Klassenzimmer, und hier auf der Straße ...« – »Da, hinter dem Müllcontainer ist doch ein guter Platz!«, sagt Sylvia. Wir stehen im Kreis, und mir scheint, ich bin die einzige, der es ein wenig peinlich ist: Beten auf der Straße? Miteinander sprechen wir: »Gott segne uns und behüte uns, lasse sein Angesicht leuchten über uns ... Amen.« Sie laufen zur Schule hinüber. »Wo kommt ihr denn her, bei der Kälte?«, fragt ein entgegenkommender Kollege. – »Wir haben die Toten besucht, gut war's«, sagt Daniel und leckt sich genüsslich die Zuckerkrümel aus dem Mundwinkel. »Die Toten besucht? Heißt das, Sie waren auf dem Friedhof mit den Kindern? Dafür sind die aber reichlich vergnügt.« – Das hat der Kollege sehr richtig beobachtet. »Kind und Tod«, das ist nicht pervers, sondern im Gegenteil, gerade die Kindheit ist geeignet für solche Erfahrungen: der Tod in seiner Unbegreiflichkeit ist verschlungen in ein köstliches, intensives Leben, sie gehören zusammen.

Dumme Kinder – weise Kinder

Gott umgibt mich – auch wenn die Bierflaschen fliegen

In meiner Manteltasche finde ich ein Briefchen, krakelig mit Bleistift geschrieben: »Entschultigung, das ich morgen nicht kommen kan. Weil meine Mama den Rolf heiratet. Leider. Das Baby kommt bald und sie ist mit den nerfen färtig und hat mich wieder gewürkt. Am Hals. Ich were gerner in der Reli aber ich mus zur hochzeit. Deine Irene. Wenn ich nicht in der Schule bin, mag ich lieber du zu ihnen sagen. Deine Irene.«

Etwa zwei Wochen später. Montags habe ich keine Schule. Um halb acht – noch im Schlafanzug – genieße ich ein geruhsames Frühstück. Es klingelt an der Haustür. Um diese Zeit? Durch die Sprechanlage ein dünnes Stimmchen: »Ich muss dir was sagen.«

»Irene! Ist was passiert?«

»Ja. Nein. Aber ich will es dir sagen.«

»Komm rauf, und erzähl mir, was los ist.«

Irene, aus der sechsten Klasse. Vor wenigen Wochen kam sie mit schlimmen Würgmalen in die Schule. Auf meine Frage meinte sie fast entschuldigend: »Meiner Mama ihr Bauch wird immer dicker, und wenn die drei Kleinen so toben, dann verliert sie die Nerven. Die Kleinen schlagen, das bringt ja nichts. Ich bin doch die Älteste.«

»Und dich schlagen, das bringt was?« fragte ich sie.

»Schon eher – damit ich mehr helfe.«

Rolf ist der dritte »Papa« der Elfjährigen.

Jetzt steht sie in der Wohnungstür, so schmal und klein, dass sie unter dem großen Schulranzen beinah verkrüppelt wirkt. Der Anorak, an den Ärmeln hochgekrempelt, reicht fast bis in die Knie. Die Wollmütze wird nur von der Brille gehindert, ihr ganz ins Gesicht zu rutschen. Die Augen hinter den dicken Gläsern wirken heute noch größer, noch blauer.

»Nun, Irene, was ist denn passiert?«

»Er hat mich umgeben.«

Es klingt ganz einfach, froh und still zugleich.

»Umgeben? Wer?«

»Nun, ER. ›Von allen Seiten umgibst du mich und hältst deine Hand über mir‹.«

»Du meinst unseren Psalm. Aber ich verstehe noch immer nicht ...«

»Der Gott hat mich umgeben. – Das war so. Die Mama und der neue Papa haben sich geschlagen. Und Sachen rumgeschmissen. Ich hatte Angst und bin in mein Bett, unter die Decke. Ich hab sie immer noch gehört. Die Mama hat so geschrien. Ich hab gedacht, er macht sie tot. Aber ich konnte doch nichts machen ...«

Sie bricht ab, starrt vor sich hin.

»Und dann?«

»Dann waren sie irgendwann still. Aber ich konnte nicht einschlafen. Ich hab auch gefroren, dabei hatte ich meine Kleider noch an. Aber mir war kalt. Und angst. Dann bin ich trotzdem eingeschlafen. Aber nur kurz. Und dann ...«, sie lächelt, »dann, auf einmal, dann hat ER mich umgeben.«

»Du hast Gott gespürt?«

Sie nickt.

»Es war ganz arg hell, und ich brauchte keine Angst haben. Vielleicht hat ER es gesagt – ich weiß nicht genau. Aber die Angst war einfach weg. Und dann hat das Helle aufgehört. Aber immer noch warm. Und ich bin wieder eingeschlafen. Gott hat mich umgeben. Glaubst du das auch?«

Sie ist ganz gewiss, aber schaut mich fragend an.

»Ja, Irene, das glaube ich auch.«

Wir sind beide still.

»Wann musst du eigentlich zur Schule?« fällt es mir plötzlich ein.

»Ich hab erst zweite Stunde.«

»Hast du schon gefrühstückt?«

Sie schüttelt den Kopf: »Seit der Rolf da ist, frühstücke ich nicht mehr. Dann ärgert sich die Mama nämlich.«

»Zieh deinen Anorak aus und komm mit rüber.«

»Aber ... ich hab noch die Kleider von gestern an. Sie sind ganz arg zerknittert.«

Sie sind nicht nur zerknittert, sie stinken auch nach Bier: »... weil, eine Flasche ist in meine Ecke geflogen, die war noch nicht leer ...«

»Ich hole noch einen Teller und einen Becher Milch.

»Komm, setz dich.«

»Beten Sie immer vor dem Essen?« fragt Irene.

»Manchmal ja, manchmal nein«, antworte ich wahrheitsgemäß.

»Möchtest du, dass wir beten?«

»Wir können doch unseren Psalm sagen.«

Miteinander sprechen wir:

Herr, du erforschest mich
und kennest mich.
Ich sitze oder stehe auf, so weißt du es;
du verstehst meine Gedanken von ferne.
Ich gehe oder liege, so bist du um mich
und siehst alle meine Wege.
Denn siehe, es ist kein Wort auf meiner Zunge,
das du, Herr, nicht schon wüsstest.
Von allen Seiten umgibst du mich
und hältst deine Hand über mir.
Diese Erkenntnis ist mir zu wunderbar und zu hoch,
ich kann sie nicht begreifen.

»Amen«, sage ich, »nun lass es dir gut schmecken.«

Sie greift nach dem Becher, stellt ihn wieder hin.

»Das mit der Finsternis auch noch.«

Wir sprechen weiter:

Wohin soll ich gehen vor deinem Geist,
und wohin soll ich fliehen vor deinem Angesicht?
Führe ich gen Himmel, so bist du da;
bettete ich mich bei den Toten, siehe, so bist du auch da.
Nähme ich Flügel der Morgenröte
und bliebe am äußersten Meer,
so würde auch dort deine Hand mich führen
und deine Rechte mich halten.
Spräche ich: Finsternis möge mich decken
und Nacht statt Licht um mich sein –,

so wäre auch Finsternis nicht finster bei dir,
und die Nacht leuchtete wie der Tag.
Finsternis ist wie das Licht.

Mit Behagen beißt sie in ihr Honigbrot, strahlt mich an und sagt: »Ich finde ihren Schlafanzug schön, weil der so blau ist.«

»Und ich finde deine Augen schön, die sind auch ganz blau.« Eine Weile sagen wir beide nichts, widmen uns ganz unseren Honigbroten, innen und außen »umgeben« von Wärme und Zufriedenheit. Die Sonne geht rechts hinter dem Fernsehturm auf.

Irene rutscht vom Stuhl.

»Es ist ja schon 8.15 Uhr! Ich muss gehen, sonst komm ich zu spät.«

In dem riesigen Anorak wirkt sie wieder ganz klein.

»Aber niemanden sagen!«

»Dass du mich besucht hast?«

»Nee, das ist ja nicht schlimm. Aber das von meinen Eltern und das mit Gott – sonst lachen sie mich aus.«

Ich schaue ihr nach, wie sie im frühen Morgenlicht die Straße hinuntergeht. Was für ein kleines Geschöpflein – und zugleich ein Menschenkind, das in Nacht und Angst erfahren hat: Gott umgibt mich.

Komisch, jetzt gerade habe ich keine Angst

Das Telefon klingelt. Jana. Sie hatte wieder zu einer Untersuchung ins Krankenhaus müssen.

»Ich hab so Angst. Ich will mich umbringen. Ich hab so Angst, dass ich am liebsten sterben will.«

»Wovor hast du Angst, Jana?«

»Vor dem Sterben.«

»Vor dem Sterben?«

»Ja, weil ich vielleicht einen Tumor habe, und wenn der wächst … und was mache ich dann? Können Sie mir nicht helfen?«

»Nein, Jana, ich kann mit dem Tumor gar nicht helfen.«

»Warum denn nicht?«

»Ich kann es nicht.«

»Aber ich kann Sie anrufen?«

»Ja. Du kannst mich anrufen.«

»Immer, wenn ich Angst habe?«

»Immer, wenn du Angst hast.«

»Aber ich hab fast jeden Tag Angst. Und manchmal, wenn ich aufwache, auch nachts. Dann ist es am schlimmsten.«

»Dann kannst du mich anrufen.«

»Hören Sie nachts das Telefon?«

»Ja. Ich höre es auch nachts.«

»Wissen Sie was? Soll ich Ihnen mal was Komisches sagen?«

»Sag mir was Komisches.«

»Jetzt hab ich keine Angst. Jetzt gerade jedenfalls nicht.«

Ich sehe, weil ich nicht sehe

»Ich komm nur für die Geschichten. Weil Reli ist eigentlich Quatsch – hat meine Mama gesagt, weil Gott gibt es sowieso nicht«, verkündet Sven gewichtig.

»Warum sprechen wir überhaupt von Gott, wenn man ihn doch nicht sehen kann?« will nun auch Karla wissen.

Ich versuche eine Antwort auf diese uralte Frage zu finden.

»Schau mal, die Luft, die ist überall um uns herum und in uns drin und wir sehen die Luft auch nicht, obwohl ...«

»Doch! Ich seh die Luft«, unterbricht Pablo energisch.

»Du siehst die Luft?«

»Ja. Da, wo ich nichts sehe, ist Luft. Wo ich etwas sehe, den Schrank oder den Tisch, da ist keine Luft.«

»Ach so meinst du das.«

»Der Pablo spinnt wohl, sieht die Luft«, Sven findet das fast ärgerlich.

»Aber tu ich doch!« verteidigt sich Pablo.

»Ich sehe die Luft, weil ich sie nicht sehe. Und weil nichts, ich meine gar nichts, das geht doch nicht. Oder?«

Er schaut mich fragend an.

»Ich kann mir das Nichts einfach nicht vorstellen.«

Ein Satz von Bloch. Er hätte an diesem kleinen Gesprächspartner wohl seine Freude gehabt.

Ich nehme Pablos Gedanken auf.

»Nichts, das geht nicht, hast du gesagt. Und Gott, kann es

vielleicht mit Gott so ähnlich sein? Er umgibt uns, auch wenn wir ihn nicht sehen.«

»Meinetwegen«, meint Jens lasch. Er will jetzt seine Geschichte.

»Wir haben unseren Psalm vergessen«, erinnert Renate. Wir sprechen gemeinsam:

Herr, du erforschest mich und kennest mich …
Von allen Seiten umgibst du mich
und hältst deine Hand über mir.
Diese Erkenntnis ist mir zu wunderbar und zu hoch
ich kann sie nicht begreifen …

»Aber wie kann Gott denn eine Hand haben, wenn er doch wie Luft ist?« Für Karla ist die Frage noch nicht abgeschlossen.

»Eine Luft-Hand halt«, Sven wird ungeduldig mit dem Nachdenken über Gott, das er ausgelöst hat.

»Jetzt aber endlich die Geschichte!«

»Ja, jetzt erzähle ich euch die Geschichte von … Pablo, was murmelst du vor dich hin?«

Es geht mir gar nicht darum, ihn zu ermahnen, vielmehr interessiert mich jeder Satz, den dieser oft verschüchterte, umdüsterte Junge spricht. Im Schreiben und Lesen ist er hoffnungslos schlecht, aber wenn er spricht, ist es oft wie aus einem Weisheitsbrunnen, zu dem niemand von uns Zugang hat.

»Ach, ich habe nur gesagt … Wenn mein Vater auch eine Luft-Hand hätte …« Er wird rot und senkt seinen Kopf. Ich frage nicht weiter.

Zwei Tage später begegne ich Pablo im Treppenhaus. Es ist eine ganze Weile nach Schulschluss.

»Willst du gar nicht nach Hause?«

»Nee …«

»Das mit der Luft-Hand – schlägt dich dein Papa?«

Er nickt.

»Abends, wenn er heimkommt?!«

»Der kommt nicht abends heim. Der ist immer zu Hause. Und wenn er besoffen ist … meistens schon mittags …«

»Sollen wir noch eine Weile miteinander in den Park gehen?« schlage ich vor.

Ernst und langsam schüttelt er den Kopf: »Irgendwann muss ich ja doch nach Hause. Meine Eltern sorgen sich sonst.«

Das Kind von meiner Cousine – ein Gotteskind

Aus Nina wurde ich noch nie recht klug. Ist sie besonders dumm oder vielleicht doch recht gescheit; pfiffig, immerhin? Jedenfalls ist sie sehr hübsch; der dunkle Teint, die schwarzen Zottellocken und erstaunlich üppige Formen für ein Mädchen der 5. Klasse. »Wie alt bist du eigentlich?« frage ich sie einmal. »Ich werde demnächst dreizehn«, antwortet sie, und es schwingt etwas wie koketter Triumph mit. – Das war letztes Jahr.

Im neuen Schuljahr hatte ich mich dafür entschieden, sie doch eher für dumm, jedenfalls für gähnend desinteressiert zu halten. Wenn sie überhaupt, hochgeschminkt, zur Schule kam, fläzte sie nur auf einer Bank herum und war nicht zu motivieren, ihre besonders schöne Schrift zu Papier zu bringen. Dann blieb sie ganz weg. Ich fragte die Klassenlehrerin. »Bußgeld für Schuleschwänzen nützt da gar nichts«, meinte sie resigniert.

Kurz darauf begegnete ich Nina in der Stadt. Vergnügt kommt sie auf mich zu. Nee, sie habe einfach keine Lust mehr auf Schule. Die Eltern? Denen sei das auch egal, die mussten ja auch nicht lang zur Schule. »Wissen Sie denn nicht – wir sind doch Zigeuner!« Sie lächelt stolz. »Ach so«, sage ich ein bisschen blöde und schau ihr nach, wie sie, gleich einem bewimpelten Schiff mit Kettchen, Ringen und Bändern behängt, im Strom der Passanten davonsegelt.

Wenig später erzählen Klassenkameraden, Nina habe ein Baby. Doch wirklich, ein eigenes Baby! Ganz, ganz winzig und ganz schwarze Haare. – Das war vor einigen Monaten.

Gestern bin ich Nina beim Einkaufen begegnet. Fast hätte ich sie nicht erkannt. Hübsch ist sie immer noch, aber der Jugendschmelz ist dem selbstbewussten Ausdruck einer jungen Frau gewichen. Sie stellt eine schwere Tasche in den Kinderwagen.

»Nina, hallo!« begrüße ich sie. »Dann stimmt es ja wirklich, dass du ein Kind hast.« Jetzt wird sie rot und gleicht eher wieder dem Schulmädchen, das »demnächst dreizehn« wird.

»Ach, was die immer sagen. Das ist doch der Kleine von meiner Cousine«, wehrt sie ab.

Er schlummert. Die kleinen Hände neben dem Kopf. Das Urbild von Heilsein und Frieden. »So ein besonders schönes Kind!«, sage ich in warmer Bewunderung. »Finden Sie es wirklich besonders schön?« »Ja, ganz besonders schön – er sieht so heile aus, behütet. Weißt du noch: »Gott segnet und behütet uns …?«

Sie nickt: »Ich habe das schonmal zu ihm gesagt.«

»Den Segen? Zu dem Kind?«

»Ja. Er war mal ein bisschen krank, aber nur ein bisschen. Und jetzt muss ich nach Hause.«

»Macht's gut ihr beiden.«

Zufrieden schiebt sie mit dem Kinderwagen davon. –

Ist es denn so wichtig, ob dieses Kind ihr gehört oder der Cousine? Ein Kind jedenfalls, über dem Nina den Segen spricht, wenn es krank ist.

Markus liest. Ein Gottesbeweis?

Markus: »So ein Quatsch, Auferstehung. Gott, den gibt's doch gar nicht. Wo ist er denn? Wo denn? Wo denn?«

Ich muss sofort antworten, keine Zeit für theologisches Nachdenken.

»In dir. Du bist manchmal ganz voll von Gott, von seiner Kraft und seiner Weisheit und wenn du uns sagst, was du über die Welt und die Menschen und die Tiere denkst: Das hast du dir nicht alleine ausgedacht: Da ist Gott in dir. Das glaube ich.«

Sein runder Mund steht offen, die Aggressivität ist plötzlich weg.

»Ja Sie, das stimmt!«

Er schnauft tief und laut. Dann, völlig unvermittelt:

»Frau Hermann, darf ich jetzt lesen?«

Markus liest! Zum ersten Mal seit ich ihn unterrichte – er kann theoretisch nämlich kaum lesen und schreiben. Aber heute liest er klar und flüssig, in dem Bewusstsein, dass Gottes Kraft in ihm ist.

Einen Monat später: Ich wage es nicht, das Experiment zu wiederholen. Ob er immer noch lesen kann? Es schiene mir wie Missbrauch eines uns beiden geschenkten »Gottesbeweises«.

Warum lächelt der Mann?

»Frau Hermann, hast du schonmal einen toten Menschen gesehen?

Wie sehn die aus? Eklig, oder traurig, oder böse? Wie seh'n die aus?«

Wir sprechen übers Sterben. Was für ein Gefühl das ist, wollen sie wissen. So genau weiß ich's auch nicht. Wir überlegen miteinander. Susi erzählt, wie das war, als sie der Oma das Essen 'raufbringen wollte und die Oma nicht antwortete und tot war.

Marco erzählt, wie sein Bruder gestorben ist, und er wollte ihn sehen, aber der Sarg war ganz fest zu.

Am nächsten Tag – ich hatte es mir gründlich überlegt – bringe ich den Photoband »Der ewige Schlaf« mit. (Visages de morts, photographiert von R. Schäfer in der Charité). Sehr interessiert, fast andächtig, schauen sie die Gesichter der Toten an: ein Kind, eine alte Frau, ein junger Mann, ein alter. Viele verschiedene Menschen.

»Die sehen ja gar nicht traurig aus.«

»Warum lächelt der ein bisschen?«

»Als wenn sie was Schönes träumt«

»Nochmal von vorn anschauen, bitte nochmal von vorne.«

Wir schauen die Bilder ein zweites Mal an. Da sagt Melanie:

»Ich weiß wie das ist. Die Seele ist die Drinheit vom Menschen und der Körper ist die Draußheit vom Menschen.«

Ich frage sie: »Kannst du uns das erklären?«

Melanie: »Das ist doch ganz einfach. Erst ist die Seele 'drin im Körper und freut sich, weil sie in der Drinheit ist, dann kann die Seele 'raus und freut sich noch mehr, weil sie jetzt viel Platz hat. Darum lächeln die vielleicht.«

Ich notierte es gleich, noch während der Stunde, was Melanie sagte. Melanie, klein, blass und mickrig (vielleicht ein Alkoholikerkind?), die nur sehr mühsam liest und kümmerlich schreibt. Aber von der Seele versteht sie offensichtlich etwas.

»Na, Sie sehen ja aus, wie nach einer Everest-Besteigung«, meint die Kollegin im Lehrerzimmer. Und so fühle ich mich auch.

Es hatte ganz harmlos angefangen.

Anne und Sonja sind jetzt im Konfirmandenunterricht und wollten ein bisschen Hausaufgabenhilfe. »Wer hat die Taufe erfunden?« Sie sollten die Eltern fragen, was sie unter Taufe verstehen und warum sie ihre Kinder taufen ließen. Aber, wenn die Kinder gar nicht getauft wurden, kann man von den Eltern auch nicht viel Auskunft erwarten.

Es ist der 24. Juni, ein toller Tag über die Taufe zu sprechen! Der Höhepunkt von Helligkeit und Licht in der Natur, Sommersonnenwende; jetzt wird die Sonne wieder abnehmen, das Licht weniger, bis wir genau in sechs Monaten Weihnachten feiern, die Menschwerdung des Gotteslichtes, ausgerechnet in der dunkelsten und kältesten Zeit! – Erstaunlich aufmerksam haben sie zugehört.

»Aber, was hat das mit Taufe zu tun«, kommt nun doch die berechtigte Frage. Ich erzähle ihnen von Johannes dem Täufer, dessen Geburtstag am 24. Juni gefeiert wird, von der Jordan-Taufe Jesu:

»Er muss wachsen, ich aber muss abnehmen.« – Johannes hat mit Wasser getauft – Jesus mit dem Heiligen Geist. Und wenn wir heute ein Kind taufen, dann bitten wir damit auch um den Schutz und die Kraft des Heiligen Geistes.«

»Und was tut der Heilige Geist?«

»Das ist – ich denke, – vielleicht kann man ...«

»Genau wissen Sie's wohl auch nicht?«

»Du hast recht, ich weiß es auch nicht so genau, dass ich es einfach ausdrücken kann. Vielleicht kann man sagen, der Heilige Geist ist Gottes Nähe, wenn wir etwas Wichtiges tun.«

»Also ist der Heilige Geist auch da, wenn zwei ficken!«

»Antonio, du Schwein!« quiekt Renate. Die anderen schauen mich gespannt an.

»Ich glaube, du hast recht, Antonio, wenn zwei Menschen miteinander schlafen, kann das sehr viel mit Gottes Nähe und Gottes Liebe zu tun haben.«

»Immer?«

»Das weiß ich nicht. Nein, vielleicht nicht immer. Oder … vielleicht ist doch zumindest immer die Sehnsucht nach der Gottesliebe auch dabei.«

»Das verstehe ich nicht.«

»Glaub ich dir. Aber es reicht, wenn du verstehst, dass Gottes Liebe auch dabei ist, wenn zwei Menschen sich lieb haben.«

»Wenn sie ein Kind machen?«

»Ja. Wenn ein Kind entsteht, dann ist Gottes Geist sicher ganz nahe.«

»Dann bin ich ja doch beinahe getauft«, stellt Anne glücklich fest.

»Wie meinst du das?« frage ich erstaunt.

»Weil – also – getauft haben meine Eltern mich nicht – ich werde nämlich erst bei der Konfirmation getauft, mit Heiligem Geist und so. Aber dann war doch der Heilige Geist schon früher bei mir, als – ich meine – wie Sie gesagt haben.«

»Weil ich gesagt habe, der Heilige Geist ist da, wenn ein Kind entsteht?«

»Ja. Dann hat jeder Mensch Heiligen Geist bei sich, ob er getauft ist oder nicht – das finde ich aber gut.«

»Ist es auch, Anne.«

»Und was passiert mit dem Heiligen Geist, wenn ich verrecke?« Das war wieder Antonio.

»Antonio, wenn du stirbst, ist Gottes heiliger Geist ganz sicher bei dir.«

»Ganz sicher?«

»Ja, das glaube ich ganz sicher.«

Wem kann ich von dieser ungeplanten »Mount Everest-Besteigung« erzählen? Wer kann die unbeholfene, oft unflätige Sprache dieser Kinder ertragen und zugleich die Weite und Tiefe ihrer Frage verstehen? Ihr Maß an Leiderfahrung übersteigt das vieler Erwachsener – selten hat es sie stumpf gemacht, eher ungeduldig mit den Erwachsenen, manchmal brutal, oft frech. Höflichkeit und Angepasstheit sind keine Werte, und das macht es uns bürgerlich Sozialisierten oft so schwer mit ihnen.

Ist ihre Umwelt, sind ihre Eltern, ihre Nachbarn ihnen je »höflich«, freundlich und gelassen begegnet? Und »angepasst«?

Sind sie nicht geradezu erschreckend angepasst an eine Gesellschaft, in der sie Ungeduld bis zur Rücksichtslosigkeit und Gewinnstreben bis zur Skrupellosigkeit erleben?

Immer noch sitze ich am Schreibtisch. Soll ich in der nächsten Religionsstunde mit »Taufe« fortfahren, oder mit der Lehrplaneinheit »Schuld und Vergebung«?

Der Tauf-Einschub heute war anstrengend genug.

Heute abend gehe ich in einen Vortrag. Es ist nach 22.00 Uhr als ich am Rotebühlplatz meine Straßenbahn erreichen will. Lautes Grölen, gemischt mit Kinderkreischen; ein Knäuel Jugendlicher schubst, kickt und prügelt sich auf dem Bahnsteig. Könnten meine Schüler sein, denke ich. Da erkenne ich Antonio mittendrin! Am Boden wie ein Irrwisch um sich schlagend und mit seiner noch hohen Stimme kreischend. »Antonio« rufe ich, diesmal noch lauter und schiebe mich dazwischen. Einige sind so verblüfft, dass der Tumult plötzlich aufhört. »Was in aller Welt machst du denn hier, um diese Zeit?« frage ich schulmeisterlich.

»Ich? Nix. Spielen.« Er ist aufgestanden und wischt mit der Hand sein Nasenblut weg. Dabei sieht er ganz vergnügt aus. Er hat sich offenbar prächtig amüsiert.

»Gehört der zu Ihnen? Verdammt frech ist der für sein Alter« meint ein Größerer.

»Weiß ich. – So, jetzt komm mit zur Straßenbahn!« herrsche ich Antonio an.

Er sitzt mir gegenüber, weder müde noch erschöpft.

»Warum haben Sie eigentlich so laut meinen Namen gerufen?« will er wissen.

»Damit du mich hörst! Dazu hat man nämlich einen Namen!«

Nächste Religionsstunde.

Anne und Sonja hatten inzwischen Konfirmandenunterricht. Da sitzen sie neben Gymnasiasten, die noch dazu ein bis zwei Klassen weiter sind und fühlen sich sicher manchmal überfordert. Um so erfreulicher, dass sie die Fragen mit in die Schule bringen – diese Schule, die sie ganz offenbar auch als Schutzraum erleben, wo man sich trauen darf, auch wenn man kein »Musterschüler« ist. »Warum bekommen die Kinder denn bei der Taufe ihren Namen?« wollen sie heute wissen.

Ganz so ist es nicht. Auch Kinder, die nicht getauft werden, haben ja einen Namen, aber der Pfarrer nennt den Namen des Kindes, nachdem er gesagt hat: »Ich taufe dich im Namen des Vaters und des Sohnes und des Heiligen Geistes.«

»Im Namen ruft Gott den Menschen. Immer, wenn wir den

Taufnamen sagen, ist so ein bisschen Gottes Rufen mit drin«, versuche ich zu erklären.

Genug geredet. Wir schreiben ins Heft:

»Gott spricht: Ich habe dich bei deinem Namen gerufen, du bist mein.«

Antonio meldet sich.

»Haben Sie mich deswegen bei meinem Namen gerufen?«

»Weswegen?«

»Damit ich mich nicht prügeln soll – wegen Gott und so weiter.«

»Nun ja. – Vielleicht hast du sogar recht. Ich möchte nämlich, dass du heile bleibst. Du bist zwar ein Satansbraten, aber auch ein Gotteskind.«

Antonio strahlt. In diesen Extremen kann er sich wiederfinden.

Zwei Wochen später fehlt er – für einen ganzen Monat. Er liegt mit einem komplizierten Nasenbeinbruch im Krankenhaus.

Ich schicke ihm ein kleines Päckchen und bekomme eine Karte von ihm. »vilen dank für das süse Zeuk. Ich fint sie o.k. – ihr Antonio.«

Mein Antonio!

Er ist eines von sieben Kindern. Schon jetzt, mit elf Jahren, ist er völlig verwahrlost. Als ich ihn fragte, was die Eltern sagen, wenn er abends erst gegen 11 Uhr nach Hause kommt, zuckt er die Achseln. »Egal. Meistens merken sie es gar nicht. Wenn doch, gibt's schon mal Prügel. Aber ist auch egal.«

Trotz allem geht soviel Kraft und Fröhlichkeit von diesem Bengel aus: er ist wie seine prächtigen Bilder, farbensatt, wild und exotisch schön. Wie würden bürgerliche Eltern diese Begabung hätscheln und fördern. Antonio dagegen, jetzt schon ein Verwahrloster, ein Schlimmer, Überschäumender. Er wird noch mit vielen Grenzen und Gesetzen in Konflikt kommen – bei seiner Unbändigkeit vielleicht gar nicht alt werden. Und trotzdem quillt ihm die Lebensfreude aus allen Poren. Und ich bin überzeugt, Gott hat ihn bei seinem Namen gerufen.

Nietzsche und Rilke – aber doch nicht mit diesen Schülern

Nachdem sie über zwei Jahre lang Gebete und Segen brav mitgesprochen hatten, mochten sie plötzlich nichts mehr davon wissen. »Wir sind jetzt zu alt dazu!«, meinte ein Mädchen und ein Junge ergänzte, er fühle sich auch gar nicht »behütet«.

Was tun? Es gegen ihren Widerstand durchdrücken oder ersatzlos streichen? Vielleicht hatten sie ja sogar recht. In der 8. Klasse einer Förderschule ist man meist nicht vierzehn, sondern eher fünfzehn oder sechzehn, ein Alter, in dem kritisches Hinterfragen eher erfreulich ist. So hatte ich den Einfall, ihnen von einem Jungen, Friedrich, zu erzählen, der früh seinen Vater verloren hatte, zunächst von drei bigotten Frauen und dann in einem mönchisch strengen Internat erzogen wurde, der mit zwölf Jahren feststellte, die Dreieinigkeit bestehe aus Gott-Vater, Gott-Sohn und Gott-Teufel und am Ende seiner Schulzeit überhaupt nichts mehr anfangen konnte mit dem Gott, den man ihm neunzehn Jahre lang gepredigt hatte. Was ihn interessierte, war der »Unbekannte Gott«. Ich war erstaunt, wieviel Anteil- nahme die Schüler entwickelten, für diesen heftigen, begabten Knaben, der mit seinen Gedichten aus der Düsternis der nasskalten Mauern von »Schulpforta« floh. Als ich in der nächsten Stunde Nietzsches Gedicht »Dem Unbekannten Gott« mitbrachte, waren sie durchaus bereit, es zu lernen und statt eines »richtigen Gebets« am Anfang der Stunde zu sprechen.

Noch einmal, eh ich weiterziehe
und meine Blicke vorwärts sende,
heb ich vereinsamt meine Hände
zu dir empor, zu dem ich fliehe,
dem ich in tiefster Herzenstiefe
Altäre feierlich geweiht,
dass allezeit
mich deine Stimme wieder riefe.

Darauf erglüht tief eingeschrieben
das Wort: Dem unbekannten Gotte.
Sein bin ich, ob ich in der Frevler Rotte,
auch bis zur Stunde bin geblieben …

Sein bin ich – und ich fühl die Schlingen,
die mich im Kampf darniederziehn
und – mag ich fliehn,
mich doch zu seinem Dienste zwingen.

Ich will dich kennen, Unbekannter,
du tief in meine Seele Greifender,
mein Leben wie ein Sturm durchschweifender,
du Unfassbarer, mir Verwandter!
Ich will dich kennen, selbst dir dienen.

Dabei spielt es überhaupt keine Rolle, ob jedes Wort, jeder Satz verstanden wird. Die Heimatlosigkeit, der Duktus des Suchens, das ist es, was sie aufnehmen und worin sie sich wiederfinden!

Ich hatte zunächst Zweifel, ob es vertretbar sei, am Ende der Schulzeit den Gott der Bibel durch den unbekannten Gott zu ersetzen. Dann fiel mir Paulus ein, auf dem Areopag. Auch er knüpfte bei dem Unbekannten Gott an, um den Athenern vom lebendigen Gott zu sprechen: »Was ihr verehrt, ohne es zu kennen, das verkünde ich euch … Sie (die Menschen) sollen Gott suchen, ob sie ihn ertasten und finden können, denn keinem von uns ist er fern …« (Apostelgeschichte 17,22). So fühle ich mich in guter Gesellschaft, mit Paulus und den Kindern, auf immer neuen Wegen Christus, dem »Herrn der Religionslosen« nachzuspüren.

Eine besondere Erwähnung verdient ein Schüler dieser 8. Klasse, Bernd, der, vielleicht angeregt durch die Erzählung vom jungen Friedrich Nietzsche, auf dem Flohmarkt ein »Gedichtebuch« – so nannte er es – erstand. »Catull, Sämtliche Gedichte – lateinisch und deutsch«, und der nun auf Catulls Spuren selber dichtet, zum Teil ergreifend unbeholfene Liebeslyrik, aber auch Angst- und Hoffnungsgedichte.

Dass Bernd ansonsten ein besonders schwieriger Schüler ist – Verwahrlosung, Diebstähle – kann kaum glauben, wer einmal seinen Blick gesehen hat, etwas wie scheue Seligkeit, mit dem er einem seine Gedichte überreicht. Selbst wenn Bernd in vielleicht gar nicht so ferner Zukunft im Kittchen, »in der Frevler Rotte«, landen sollte, er hat das Glück des Suchens gekostet und darin etwas von diesem Unbekannten, Unfassbaren, ihm Verwandten gespürt.

Die Klassifizierung »dumm« und »klug« wird irrelevant. So auch, wenn einer aus der siebten Klasse feststellt, der Mensch sei »wie Gott und Teufel zusammengebacken«. Nur der Mensch könne ganz, ganz gut und sehr böse zugleich sein. Gebe ich ihm eine Fünf, weil er nie einen Psalm auswendig, einen Spruch fehlerfrei lesen kann, oder gebe ich ihm eine Eins, über alle Einsen hinaus, weil er eine so tiefe Wahrheit wie selbstverständlich in Worte fasst?

Ein weiteres Beispiel, um diese besondere Weisheit zu verdeutlichen, die den Rahmen jeder Gescheitheit sprengt.

An einem Vorfrühlingstag, an dem der Aufbruch der Natur sich bis in die unruhigen Körper der Schüler hinein fortzusetzen schien, war ich mit ihnen in den Park hinausgegangen. In der nächsten Stunde wollte ich daran pädagogisch anknüpfen und schrieb ein Gedicht von Rilke an die Tafel:

Härte schwand, auf einmal legt sich Schonung
auf der Wiesen aufgetanes Grau,
kleine Wasser ändern die Betonung.
Zärtlichkeiten ungenau
greifen nach der Erde aus dem Raum.
Wege gehen weit ins Land und zeigen's,
unvermutet siehst du seines Steigens
Ausdruck in dem leeren Baum.

Lehrermäßig frage ich, woran sie das erinnere. An nichts. Letzte Woche? Nö, da waren wir doch im Park. Sie sind eben doch nicht die Hellsten, denke ich, und versuche, umschreibend nachzuhelfen. Wenn es wieder heller wird, der Himmelsraum nach der Erde greift und zugleich von unten her Saft und Kraft nach oben steigen, wenn Himmel und Erde sich verbinden, damit Neues wachsen kann, nun, welche Zeit ist denn das? »Warum sagen Sie's nicht gleich: Religionsstunde natürlich!« Jetzt bin ich schwer von Begriff: »Religionsstunde? Wie meinst du denn das?« – »Naja, wenn Sie von Gott und so heiligen Sachen reden, ist es doch die Kraft von oben, und wir, ich meine, ich und die anderen, wir sind die Kraft von unten. Und in der Reli kommt das zusammen.« Ich bin verblüfft: »Und dann kann etwas Neues entstehen?« – »Glaub schon«, meint er gelassen.

Religionsunterrichtet wie Vorfrühling: Die Kräfte des Himmels und der Erde verbinden sich, damit Neues wächst – hat es je eine schönere Definition gegeben? Wie geadelt verlasse ich an diesem Tag die Schule, geadelt von einem lernbehinderten Schüler.

Reflexionen

»An Gott glauben, nee. Wenn man den mal sehen könnte, aber so? Den hat doch noch nie jemand gesehen, oder?« Wir überlegen miteinander: Würden wir ihn überhaupt erkennen? Wie müsste er denn wohl aussehen? Die Israeliten haben sich ein goldenes Kalb gemacht, als die Sehnsucht nach dem sichtbaren Gott zu groß wurde. Gott ein Kalb? Nun, das lieber doch nicht. Die Ratlosigkeit hat uns alle erwischt.

In zwei Wochen ist Weihnachten, Christi Geburt; der Jesus-Knabe, das Kind, der Mensch, in dem sich Gottes Geist ... »Ach so,« ruft Roberto dazwischen und tippt sich an die Stirn, »jetzt blick ich das: Weihnachten ist zum Erinnern, dass es Gott zum Anfassen immerhin schon mal gegeben hat!« Eine dumme Erkenntnis?

Der Gott zum Anfassen und der Gott, der zupackt, hinein in das Leben dieser oft so verzweifelten Kinder, wie oft wünschte ich ihn herbei! Nicht den zupackenden, nicht den strahlenden Gott in der Höhe – wir müssen ihn in der Tiefe suchen, den Gott, der im Dunkeln wohnt. »Die Menschen schauen immer von Gott fort. Sie suchen ihn im Licht, ... oben. Und Gott wohnt anderswo – wartet – ganz am Grund von allem, wo die Wurzeln sind ...« (Rilke).

Auch um die »Wurzeln« dieser Kinder ist es meist kümmerlich bestellt. Wo ist der Grund von Vertrauen und Verlässlichkeit, in dem sie gedeihen könnten? Statt wachstumsfördernder Wurzeln sind häufig überschießende »Angsttriebe« zu erkennen, wie wir sie an kranken Bäumen sehen. Ein Zwölfjähriger, der sagt: »Wenn ich an die Zukunft denke – dann denke ich am liebsten gar nicht«, ist zukunftsvergiftet.

Aus Angst vor dem, was auf mich zukommt, lasse ich das Denken lieber sein. Angst vor der Arbeitslosigkeit des Vaters, vor der Scheidung der Eltern, vor Kriegen, Angst vor Umweltzerstörung: Die Nahrungsmittel, das Trinkwasser, die Luft, das ist alles ja sowieso vergiftet. Von der Sonne bekommt man Hautkrebs, sagt die Mutter. Von der Liebe bekommt man Aids, sagt der Vater. Bis ich erwachsen werde, bin ich sowieso kaputt, sagt das Kind. Bisher konnte man die Erde noch ausbeuten, für uns bleibt nur noch eine Müllkippe, sagt die Jugendliche.

»Soll ich meines Bruders Hüter sein?« Diese überlieferte Frage aus den Anfängen der Menschheitsgeschichte, scheint heute ihre verhängnisvolle Fortschreibung gefunden zu haben: »Sollen wir unserer Kinder Hüter sein?« Nicht nur das gegenwärtige Leben meines Bruders, auch die zukünftige Lebensgrundlage unserer Kinder mag und kann ich nicht behüten. Und das spüren sie genau! So führt ihre innere Zukunftslosigkeit zur Entwertung der Gegenwart und damit oft zur Selbstaufgabe. Ein seelischer Prozess, den Viktor E. Frankl im Konzentrationslager beobachtet hat und der geradezu erschreckend ähnlich bei diesen Kindern abläuft. Zukunftsverängstigte können nicht lernen, kaum auch nur Interesse für etwas aufbringen. »Angst macht dumm« – eine vielfach belegte Beobachtung.

Welch ein Glück, dass Religion kein typisches Lernfach ist! Glaubte ich anfangs, Ursachenforschung könne gegen die Angst hilfreich sein, so komme ich auch davon immer mehr ab. Wo Angst und Verzweiflung sich aussprechen, dürfen sie sein, und ich nehme sie wahr. Nur habe ich zwischen der Reparaturwerkstatt, in die ich mein defektes Auto bringe und meinem Religionsunterricht zu unterscheiden gelernt. Wobei ich meinem Unterricht eher weniger zutraue: Was in der Seele kaputt ist, kann ich nicht einfach reparieren, was zerbrochen ist, nicht austauschen.

Während ich diesen Satz schrieb, klingelt es an der Haustür. Lena steht vor mir. Ich erkenne sie nicht gleich. Vor zwei Jahren ist sie ohne Abschluss abgegangen. »Sie kennen mich nicht mehr?« Es klingt erschrocken. »Komm rein und lass dich anschauen«, sage ich – obwohl ich gerade nicht so gern gestört werden möchte. Jetzt erkenne ich sie wieder, die sehr blauen, traurigen Augen, das schmale Gesicht. »Doch, nun erkenne ich dich genau.« Ein fast erleichtertes Lächeln huscht über ihr blasses Gesicht. »Wissen Sie auch noch, die Sache, damals, mit meinem Vater … Und dann bin ich ins Heim gekommen.« Auch daran erinnere ich mich. Lena erzählt, wie sie versucht hat, den Abschluss nachzumachen, aber dann, dann musste sie wieder in die Klinik. »In die Klinik?« »Ja, es war ja schon das zweitemal mit dem Selbstmordversuch. Ich habe einfach Angst. Immer Angst. Alle sagen, ich habe eine Chance. Aber ich kann das nicht glauben. Wozu auch. Das Leben ist so beschissen. Es lohnt sich nicht. Wozu brauche ich da überhaupt einen Abschluss?« – Soll ich ihr sagen, dass das Leben nicht nur beschissen sei, dass ein Schulabschluss sich vielleicht doch lohne, und ihre Rundumangst unbegründet sei? Kann ich ihr Zukunftsmut einflößen, indem ich ihre Zukunftsangst ausrede? Wir essen Datteln und trinken Tee. Als es dunkel wird, zünde ich zwei Kerzen an und schiebe die Vase ins Kerzenlicht. »Haben Sie immer Rosen?« »Nicht immer.« – »Ich mag Rosen« – »Ich auch. Nimmst du noch eine Dattel?« – »Sie schmecken eigentlich ganz gut.« – »Find ich auch.«

Wir führen kein tiefes Gespräch und tauschen keine hohen Gedanken. Sie ist zu traurig, und ich bin zu hilflos. Und doch ändert sich etwas, wir spüren den Frieden und die Wärme, wenigstens dieser einen Stunde. Als sie geht, fragt sie: »Kann ich nochmal Ihre Telefonnummer bekommen ...« Ich gebe sie ihr. »Wollen Sie meine Nummer auch? Ich habe am 11. März Geburtstag, falls Sie anrufen wollen.«

Ihre Telefonnummer steht mit Vorwahl hier auf meinem Konzeptpapier, und ich werde sie jetzt in meinen Kalender übertragen. Ist es nicht, als sei Lena gerade jetzt gekommen, um jeden Satz des oben geschriebenen zu unterstreichen; auch den, dass ich nichts »reparieren« kann. Aber hat sie mir nicht ihren Geburtstag gesagt? Der Tag, an dem sie ihr Leben begonnen hat. Auf einmal war er wichtig genug, ihn zu nennen. Nachdem sie mir von den Tagen, in denen sie nur noch sterben wollte, erzählt hatte, nennt sie mir den Tag, an dem sie geboren wurde, »falls« ich sie anrufen will. Ist es die Aufforderung, den Bogen liebevoller Wahrnehmung gespannt zu halten, sie, ihre Lebensangst, ihre Hoffnungslosigkeit nicht einfach wieder zu vergessen?

Wenn mir dies gelingt ... Ich ertappe mich bei der Hoffnung, dass ihr dann auch ihre Schlussprüfung gelingen könnte. Von »produktiver Liebe« spricht Erich Fromm. Liebe gegen die Angst? Das bedeutet: Liebe gegen die Dummheit?

Schlussüberlegungen: »Die gottgedachte Spur, die sich erhalten ...« (Goethe)

Der Junge, der vor einigen Jahren sagte: »Wahrscheinlich werde ich mal Verbrecher«, sitzt heute im Jugendknast. Ich konnte es kommen sehen, wir hatten auch nach seinem Rausschmiss aus der Schule lockeren Kontakt. Mein Religionsunterricht hat also nichts genützt? So ist es. Genützt hat er nichts, aber er hat etwas verändert. Zwei Menschen sind sich begegnet, sie haben manchesmal von Gott geredet und auch über ihn gestritten, und in diesem Ringen haben sie Liebe und Wärme füreinander empfunden. Ist das nichts?

Woran messe ich den Erfolg eines Religionsunterrichtes? Am Bibelwissen, an Schulabschlüssen, angepasstem Leben?

Wenn ein Schuldekan feststellt, die Religionslehrer seien »die Minenhunde der Kirche, weit draußen, wo Kirche längst nicht mehr hinreicht«, dann spricht er damit zweierlei an. Hier werden Lehrer eingesetzt, wo man sich leicht ausrechnen kann, dass es sich kirchenstatistisch gesehen kaum lohnt; es ist einfach zu weit draußen, entfernt von aller bürgerlichen Zugehörigkeit.

Zweitens gehen diese Lehrer – wie jeder tüchtige Minenhund – ein hohes Risiko ein, selbst verletzt zu werden, verletzt in ihrem Glauben, ihrem Selbstwert, ihrer Zukunftshoffnung. Für Religionslehrer gibt es keine Garantie für Erbaulichkeit oder seelische Unversehrtheit.

Und dennoch! Es sind die Lichtfunken in der Nacht, die uns des Lichts gewisser machen können als der helle Tag.

Da kommt doch dieser gemeine, missgünstige, schlag- und tretbereite, kleine Benno: »Willst du mal meine Monstersammlung sehen?«, und bevor ich abgewehrt habe, ist eine stattliche Anzahl grauenerregender Fratzen-Karten auf dem Tisch ausgebreitet. »Du darfst dir eins aussuchen.« Als ich sage, dass ich gar nicht so unbedingt ein Monster brauche, meint er verständnisvoll: »Weil du dich mehr für Gott und solche Sachen interessierst. Aber von dem hab ich kein Bild. Du darfst dir auch das Monster aussuchen, was du am allerschönsten findest.« Ich wähle schließlich ein grün-braunes mit zerschnittenem Gesicht, aus dem ein Raubvogel herauswächst, die Hände sind Klauen und der Himmel dahinter ist von Blitzen zerfetzt. Es liegt viele Tage auf meinem Schreibtisch. Benno, dieser brutale, kleine Kerl, den ich kaum ertragen konnte, wird mir jeden Tag wichtiger. Zur nächsten Stunde bringe ich ihm eine kleine Engel-Karte als Geschenk mit. Zufrieden packt er sie zu seiner Monstergalerie. »Jetzt haben wir uns beide was geschenkt«, sagt er und schaut mich an wie ein Freund. Lichtfunken im Dunkeln.

Eine Schülerin hat auf einem Autoaufkleber gelesen: »Jesus kommt«. Glauben Sie das, will sie von mir wissen. Ich weiß es nicht. »Was glauben Sie, würde der machen, wenn er wirklich käme?«, fragt sie weiter. »Das weiß ich nicht«, antwortet mein Mund nochmal, aber mein Herz weiß, dass er hier ins Klassenzimmer käme, zu diesen Kindern zuerst. Und dann frage ich mich noch – und viele andere tun das auch, ob es sich mit diesen Kindern »lohne«?!

In ihren Schicksalen, ihren Klagen, in ihren Anklagen gegen das Leben drückt sich die tiefste Sehnsucht des Menschen nach Gott aus. Kann es mir gelingen, sie spüren zu machen, dass diese Sehnsucht nach Heilsein zugleich eine Spiegelung der Sehnsucht Gottes nach dem Menschen ist? Nicht nur wir suchen ihn, zum Beispiel im Religionsunterricht, sondern Er sucht uns – zum Beispiel im Religionsunterricht.

Wenn Antonio – so will ich ihn hier nennen, den Jungen, der mit zwölf Jahren schon überzeugt war, dass er mal Verbrecher würde – wenn Antonio begriffen hat, mit seinem Herzen, dass Gott ihn sucht, sich für ihn interessiert, auch dann noch, wenn er Schlimmes getan hat und im Knast sitzt, dann hat er die wichtigste Aussage der Heilsgeschichte begriffen.

Es gibt weitere gute Gründe für die Tätigkeit der »Minenhunde« in scheinbar aussichtslosem Gelände. Als eine Klassenlehrerin, die von sich sagt, dass sie mit Religion eigentlich nichts am Hut habe, bedauert, dass ihre Kinder keinen Religionsunterricht mehr haben, werde ich hellhörig. In ihrem Unterricht, in dem es ja auch um Leistung gehe, könne sie gar nicht alles auffangen, was sich an Verzweiflung, Verletzung und Angst in Aggression entlade. »Es sind doch lauter kaputte Kinder. Wir bräuchten eigentlich einen Schulpsychologen, aber da wir den nicht haben, bringt der Religionsunterricht auch schon viel.« Sie hat beobachtet, dass die Kinder, die zweimal in der Woche Religionsstunden haben, in dem sie ohne Lernstress mit ihren Kümmernissen und Problemen wahrgenommen werden, deutlich entspannter und insgesamt friedlicher sind. Es kränkt mich gar nicht, als eine Art Schulpsychologen-Ersatz angesehen zu werden: Seelsorge, ist das nicht die ureigenste Aufgabe der Kirche? »Lebendiges Hören ist eine Form der Liebe« (Romano Guardini).

Und ist es wirklich verrückt, mit Schlägertypen Rilke zu lesen, mit Verwahrlosten Nietzsche auswendig zu lernen und mit Lernbehinderten über das Leben und die Arbeit von Stephen Hawking, dem vielleicht genialsten, schwer körperbehinderten Naturwissenschaftler unserer Zeit zu sprechen? Fast immer erreicht sie die Achtung vor der gottgemeinten Größe und Würde des Menschen, die unabhängig ist von Begabung und gesellschaftlichem Status. In allen Verkleidungen und Verstümmelungen den Menschen erkennen! Dass es nicht damit getan ist, ein verschwommenes Gefühl von Mitleid oder Zuneigung zu haben, wird einem spätestens dann bewusst, wenn die Kinder in oft grober Weise außer Rand und Band geraten. »Die Güte muss eine scharfe Kante haben, sonst wird sie mit Dummheit verwechselt.« Diesen Satz Albert Schweitzers habe ich auf den Deckel manchen Vorbereitungsheftes geschrieben. Und so kann der Religionsunterricht zu einer bisweilen durchaus unbequemen Veranstaltung der Selbsterkenntnis und Selbsterziehung werden.

»Kindergewalt ist nicht trennbar von Erwachsenengewalt« hatte ich irgendwo aufgeschrieben und dabei gedacht, wie gut, dass ich selbst nicht gewalttätig bin – bis ich eines schlechteren belehrt wurde: Auch mein lautes Rufen hatte Rocco nicht davon abhalten können, die kleine, verscheuchte Nathalie zu jagen (sie ist erst kurz in Deutschland, lebt bei ihrer Tante, nachdem beide Eltern vor ihren Augen umgebracht worden sind). Ich rannte ihnen den Flur entlang nach. Zu spät. Nathalie hatte sich unter eine Garderobenbank verkrochen, da war sie gefangen. Rocco holte aus und trat ihr mit seinem schweren Winterstiefel ins angstverzerrte Gesicht. Ich riss ihn herum und knallte ihm eine Ohrfeige. Mein Entsetzen war darüber groß, weniger über Roccos Schmerz, noch über die schulrechtliche Seite, sondern über die Tatsache, mich selbst unkontrolliert gewalttätig erlebt zu haben. Ich war aus den Fugen geraten, aus der Form gefallen, weder beherrscht noch liebevoll – hatte aus Wut und Ohnmacht ganz ordinär zugeschlagen.

Einen erstaunlichen Prozess löste diese schlimme Ohrfeige aus. Als ich vor einigen Jahren anfing zu unterrichten, hießen diese Schulen noch Sonderschulen. Im Begriff »Sonderschule« war für mich auch das Besondere, Abgesonderte, auch Absonderliche enthalten. Ich selbst fühlte mich als die von diesen Kindern Abgesonderte. Zunehmend fragte ich mich, ob nicht ihre Welt vielleicht die normalere sei. Ein Alltag, in dem die Erfahrung von Arbeitslosigkeit, Alkoholismus und sexuellem Missbrauch so selbstverständlich dazugehören wie Musikstunden und Reiterferien in bürgerlichen Familien. Der Weg zu diesen Kindern – auch der sprachliche – schien mir unendlich weit. Würde ich sie je erreichen? Wenn ich in den ersten Monaten von Ratlosigkeit zu Verzweiflung und von Verzweiflung zu Hilflosigkeit stolperte, so wurde eben dies der Weg zu ihnen. Für sie ist es gar nicht so schlimm, mich zwischendurch hilflos und unvollkommen zu erleben, solange ich authentisch bleibe. Sie brauchen nicht die vollkommene Lehrerin, sondern den Menschen, der sich nicht von der Unvollkommenheit, von Grausamkeit und Obszönität abwendet, um mit sauberen Stiefeletten im Wolkenkuckucksheim zu wandeln. Zum ersten Mal in meinem Leben habe ich Paulus (2. Korintherbrief 12ff) begonnen zu verstehen. Gott antwortet ihm: »Lass dir an meiner Gnade genügen, denn meine Kraft ist in den Schwachen mächtig ... Darin bin ich guten Mutes in meiner Schwachheit ... Denn wenn ich schwach bin, so bin ich stark«. Und das sollte nicht auch für uns Religionslehrer gelten?

Für diese Kinder ist allein wichtig, was wir sind, nicht was wir darstellen. Unvollkommen sein, schwach, genervt, ungerecht sein, alles das verzeihen sie ohne Umschweife, solange wir wahrhaftig sind. Wenn eine Schülerin fragt: »Und für mich, beten Sie da auch jeden Tag, bis ich wieder aus dem Krankenhaus komme«, kann ich nur »Ja« sagen, wenn ich das auch wirklich tun werde und hinterher bereit bin – sie fragen fast immer nach – zuzugeben, dass ich manchmal zu faul oder zu müde war.

Es gibt Zeiten, da ist mir schon der Gedanke an die Anstrengungen des Unterrichtens zu viel, da graut mir vor der nächsten Stunde. Wenn ich in dieser Haltung vor die Schüler trete, bin ich verloren. Richtiger: Wir sind verloren, weil wir einander nur als Ärgernis erleben können. Als ich merkte, dass es um so schlimmer wird, je mehr ich in den Tagen zwischen den Religionsstunden die Kinder, besonders die schlimmen, aus meinem Bewusstsein verdränge, versuchte ich das Gegenteil: Ich knöpfe sie mir innerlich vor. Ganz kurz stelle ich mir ihr Bild vor die Seele, meist ihr Gesicht, in einem entspannten Moment. Wenn ich ihnen dann nach einer Woche oder drei bis vier Tagen begegne, schwingt immer etwas wie Wärme oder Gelassenheit mit, statt Entfremdung eher Befreundung.

Ich schreibe dies hier auf, weil es so unglaublich hilfreich und wirksam ist. Die Zeit, die es braucht, jedes Kind – es müssen ja nicht alle Klassen auf einmal sein – kurz in dieses innere Licht zu halten, wird reichlich aufgewogen durch eine ganz andere Möglichkeit des Begegnens, auch und gerade mit den Schwierigsten.

Wer intensives Leben liebt, einen Ort, wo nichts zur Routine werden kann, wo Leben und Lernen zusammengehören wie Licht und Schatten, der ist hier richtig. Gemeinsam erfahren wir, es gibt keine heile Welt, aber es gibt viel Heil in der Welt, und das aufzuspüren, das lohnt sich.

Die Erfahrung, dass aus pädagogischer Verzweiflung und Hilflosigkeit einzig eine immer neu herbeigeliebte Kraft helfen kann, beschreibt Luise Rinser, selbst Lehrerin: »Ich war vollständig verzweifelt. … Der Schritt … ins wirkliche Schulleben wird nur dadurch möglich, dass man alle gelernte Methodik über Bord wirft und nichts mehr sein will vor dem Kind als lernender Mensch. … Ich bin geneigt, das ganze Lehrerinsein nur darin zu sehen, den Kindern das eine Gefühl einzubrennen, dass ich sie liebe, auf dass sie in dieser Liebe erleben, dass es trotz des Elends, trotz der Traurigkeit, des seelisch Verhungertseins noch etwas anderes gibt, das Kraft bedeutet. Wir nennen es Geist, praktisch nenne ich es Liebe.«

Ich auch.

Nachwort zur dritten Auflage

Die lebhaften, betroffenen, warmherzigen Reaktionen auf das Buch haben deutlich gemacht, dass fast alle Leserinnen und Leser unmittelbar verstanden haben, worum es geht: um bedrohtes Kindsein in bedrohter Zeit. Dabei spielt es keine Rolle, dass einige dieser Kinder Ausländer und einige Deutsche sind, auch nicht, dass sie Förderschulen besuchen. In ihrem Leiden spiegelt sich – sozusagen stellvertretend – das Leiden unserer Zeit.

Mit manchen dieser Kinder habe ich noch Kontakt. Und sie driften weiter »ins Dunkle«. Wenn ein offensichtlicher Junkie gegen Mitternacht am Hauptbahnhof mir freundlich vertraut zunickt, ein anderer – inzwischen mit großer Narbe im Gesicht – mir in der Straßenbahn erzählt: »Den Segen kann ich immer noch. Komisch, was?«, dann denke ich, dass unser Begegnen im Rahmen eines ringenden, suchenden und immer wieder auch scheiternden Religionsunterrichts nicht umsonst war.

In den vielen Jahren meines Lebens in verschiedenen Ländern waren diese sieben Jahre in der Schule wie ein mühsamer Weg in das mir fremdeste Land. Ich habe begonnen zu verstehen, warum wir die Geburt Gottes im Stall feiern, dort, wo es dunkel und mistig ist. Und ich habe erfahren, dass Er sich dort auch heute finden lässt. Warum es dann nicht hell und heil wird – das bleibt Geheimnis.

Ich wünsche mir, dass viele Menschen von diesen Kindern wissen, sich ihre Sinne und Herzen öffnen für die vielen, vielen »auf der Schattenseite des Lebens«.

Almuth – der ich dieses Buch gewidmet habe – hat als kleines Mädchen unter den Eukalyptusbäumen vorm Haus spielend einmal gesagt: »Guck mal, wie viel Schatten die Sonne macht!« Der Schatten ist es, der uns der Sonne gewiss machen kann …